# EMMANUEL MALYNSKI

# LA GUERRA OCULTA

# Emmanuel Malynski

# La Guerra Oculta

Publicado por OMNIA VERITAS LTD

www.omnia-veritas.com

El autor del cuadro que se expone en la portada de este libro es Guariento di Arpo, pintor italiano nacido en Padua, quien ejerció su oficio en dicha ciudad y en Venecia entre los años 1338 y 1370.

La pintura que en la actualidad se encuentra expuesta en el Museo Cívico de Padua (Museo Cívico di Padova), lleva por nombre **Las Milicias Celestes**. Corresponde a una témpera sobre madera de 1,10 m x 1,07 m y se estima que fue hecha por el autor alrededor del año 1350, en Padua.

Este cuadro representa el ejército de la luz formado como legión para el combate contra las fuerzas de la oscuridad, y en donde se ilustra que esta lucha no es sólo indi,idual, como es la de San Jorge contra el dragón, o la de !itra con el toro, sino como lo expresa la propia pintura: una guerra entre las fuerzas del cosmos en contra las fuerzas del caos, en la que todos los seres, aunque sin saberlo conscientemente, pertenecen a una u otra milicia.

Emmanuel Malynski

## INTRODUCCIÓN .................................................. 11

## CAPÍTULO I

EL SIGLO XIX: LA REVOLUCION SE DESPIERTA ................... 29

## CAPÍTULO II

LA SANTA ALIANZA – EL ÚLTIMO EUROPEO ..................... 35

## CAPÍTULO III

LA SANTA ALIANZA, NACIONALISMO Y UNIVERSALISMO ............ 45

## CAPÍTULO IV

1848 INICIO DE LA REVOLUCIÓN MUNDIAL ..................... 55

## CAPÍTULO V

NAPOLEÓN III ALIADO DE LA SUBVERSIÓN MUNDIAL ............. 65

## CAPÍTULO VI

LAS PRIMERAS GUERRAS QUERIDAS POR EL FRENTE OCULTO. LA GUERRA DE CRIMEA ..................................................... 73

## CAPÍTULO VII

ABATIDA RUSIA, LA REVOLUCIÓN CONCENTRA SUS ESFUERZOS SOBRE AUSTRIA ............................................................ 79

## CAPÍTULO VIII

BISMARCK LOS ENTRETELONES DE LA TRANSFORMACIÓN DE LA EUROPA CENTRAL .................................................................................. 85

## CAPÍTULO IX

LA COMMUNE. METAFÍSICA DEL ODIO REVOLUCIONARIO ............... 99

## CAPÍTULO X

1914 - 1918: EL DOBLE ROSTRO DE LA GUERRA MUNDIAL ............ 119

## CAPÍTULO XI

LOS TRATADOS DE PAZ EL TRASTOCAMIENTO DE EUROPA Y LA SOCIEDAD DE LAS NACIONES .................................................................... 135

## CAPÍTULO XII

LOS PRÓDROMOS DEL BOLCHEVISMO. EL ADVIENTO DEL CAPITALISMO EN RUSIA ................................................................................... 147

## CAPÍTULO XIII

LA REFORMA ECONÓMICA DE STOLYPIN ....................................... 153

## CAPÍTULO XIV

CAPITALISMO Y PROPIEDAD ......................................................... 165

## CAPÍTULO XV

LA REVOLUCIÓN DE MARZO DE 1917 LA INTERVENCIÓN AMERICANA . 183

## CAPÍTULO XVI

De Kerensky a Lenin .............................................................. 201

## CAPÍTULO XVII

Lenin ........................................................................................ 213

## CAPÍTULO XVIII

El triunfo del Bolchevismo ................................................... 237

Composición de los principales organismos revolucionarios soviéticos ................................................................................ 247

Lista de los Altos Comisarios del pueblo (1919) ................ 248

## CONCLUSIÓN ............................................................... 253

## APÉNDICE

Un Libro Maldito .................................................................. 259

*La Verdad Histórica* ............................................................. 261

*La Metodología Histórica de La Guerra Oculta* ................ 263

*La Función Prospectiva LaGuerra Oculta.* ........................ 269

*Conclusiones* ......................................................................... 269

EMMANUEL MALYNSKI

# Introducción[1]

Es, en realidad, agradable leer un libro como este, que ha sido recientemente publicado por Emmanuel Malynski y León de Poncins, *La Guerra Oculta* (Gabriel Beauchesne, Paris, 1936). En efecto, ella es una de las pocas publicaciones contemporáneas que ha tenido el coraje de ser incondicional, de adoptar una idea y de estudiarla a fondo, sin retroceder. Actitudes de este tipo tienen una justificación pragmática indiscutible. Ellas someten la solidez de una idea a aquella acrobacia de la que hablaba Wilde al decir que, para comprobar la solidez de una verdad, es necesario ponerla sobre la cuerda floja. Y, actualmente, es eso lo que debe hacerse, por lo menos en el terreno ideológico, no solamente en vista de aclarar la doctrina, sino también con un fin más concreto, que nosotros explicaremos al referirnos a ciertas consideraciones desarrolladas, en un orden de ideas cercano al que se refiere el libro mencionado, por Guénon en un artículo publicado recientemente en *Regime Fascista*. Guénon, allí ha subrayado con perspicacia que uno de los medios más eficaces, utilizados por las fuerzas oscuras operantes en nuestra época, para paralizar o limitar la reacción de aquellos que reconocen el carácter anormal y el desorden de una determinada época, consiste en dirigir esas reacciones hacia algunos estadios anteriores, menos avanzados, de la desviación, estadios en los que el desorden no había llegado a ser tan perceptible y parecerá, por así decirlo,

---

[1] Introducción de Julius Evola a la traducción por él hecha al italiano de *La Guerra Oculta* y publicada en 1939 por Ulrico Hoepli en Milán.

más aceptable. Actualmente, existen muchas personas que no captan el encadenamiento implacable de causas y efectos en la historia, de modo que sus esfuerzos, que se limitan a un dominio acotado en particular y que llevan principalmente a simples consecuencias, se encuentran limitados y neutralizados. Atraídos por formas que parecen positivas, puesto que ellas presentan los mismos virus, por así decirlo, en dosis más débiles, ellos están lejos de alcanzar el verdadero propósito de la reconstrucción.

Estas consideraciones generales no significan, luego, que nosotros aprobemos completamente el libro de Malynski y de de Poncins. Su contenido es susceptible de provocar reacciones, vivas reacciones y no sólo entre los lectores socialistas o franc-masones. Por tanto, lo más interesante y lo más útil es justamente analizar la reacción que él ha despertado; este análisis nos obligará a profundizar numerosas ideas y a proponer alternativas de importancia capital. Esta es la razón por la que pensamos que lo mejor es presentar las ideas esenciales del libro lo más objetivamente posible, sin dejar de lado las reservas necesarias.

Se trata entonces de una exposición histórica o, mejor dicho, de una interpretación de la historia, con miras a captar la inteligencia secreta que se disimula detrás de los eventos más significativos del último siglo, su lógica, que, inaccesible al observador superficial, se verifica en cambio, precisa e inexorablemente desde un punto de vista rigurosamente tradicional católico y aristocrático. El periodo estudiado va de la Santa Alianza a la revolución bolchevique; luego, un siglo de historia, repleto de guerras, revoluciones, enfrentamientos sin precedentes entre fuerzas económicas y sociales, de devastaciones de todo tipo, de las que es falso pensar, como se hace a menudo, que ellas son «espontáneas», o que ellas se pueden explicar por los factores históricos aparentes solamente, cuando, para Malynski y de Poncins ellas se pueden reducir a un verdadero «plan» y se revelan como episodios de una verdadera lucha a muerte contra la vieja Europa jerárquica.

¿A quién se debe la iniciativa y la organización de este plan? Para los autores del libro en cuestión, la respuesta no presenta dudas: al judaísmo y a la franc- masonería, cuya acción se ejerce primero sobre dos frentes aparentemente opuestos, pero, en realidad, complementarios, a juzgar por sus fines últimos: el frente de la Internacional revolucionaria (liberal, social- demócrata, marxista, comunista) y el frente de la Internacional financiera o capitalista; a continuación, por medios aún más ocultos, sobre los jefes de estado y gobernantes, que no se han dado ni siquiera cuenta a qué verdaderos objetivos deben servir sus acciones y sus decisiones.

El libro, que lleva el subtítulo de *Judíos y Franc-masones a la Conquista del Mundo*, ofrece, por así decir, una suerte de contraparte documentada o descriptiva a quienes querrán ver en qué medida, y en virtud de cuáles sucesos la historia reciente tiene una pavorosa semejanza con los famosos *Protocolos de los Sabios de Sión*, sean dichos documentos auténticos o no. Al respecto, nosotros pensamos que una reserva se impone sin embargo, reserva que, por lo demás, hemos manifestado en varias veces[2] y que coincide con aquello que ha escrito una personalidad conocida, que el sentido del hecho de dirigir la atención general únicamente sobre los judíos y los franc-masones y hacer de ello casi una idea fija, y de presentarlos como los únicos responsables de toda suerte de cosas, podría esconder una trampa y no ser sino una táctica para desviar las miradas de una visión más completa y disimular la verdadera naturaleza de las influencias destructivas en cuestión.

---

[2] Nuestro opúsculo *Tre Aspetti del problema ebraico*, Roma, 1936 y en nuestro ensayo *Sulle Ragioni dell'antisemitismo* en Vita Nova, mayo, junio, agosto, 1833; y en ese mismo diario (noviembre de 1932), nuestro ensayo sobre *L'Internazionale ebraica*.

Entendámoslos bien: nosotros estamos muy lejos de negar los hechos precisos y bien conocidos por los lectores de esta revista y así mismo de rechazar el rol que han jugado los judíos en la subversión moderna y en todas las revoluciones, hasta apoderarse del aparato dirigente del estado soviético y de los centros vitales de la Sociedad de las Naciones. Pero, para nosotros, la cuestión no se encuentra allí: la cuestión es saber en qué medida los judíos, su instinto, su resentimiento contra el cristianismo, su organización internacional secreta, han obedecido ellas mismas a influencias aún más profundas y que nosotros llamariamos de buen grado « demoníacas ». Este sentimiento, que se refuerza si nosotros no nos detenemos en los efectos, sino que nos remontamos, aunque parcialmente, al encadenamiento de causas, como lo hace la exposición socio-histórica de Malynski y de Poncins, aumenta aún más si vamos más lejos y nos acercamos a esos fenómenos culturales sin los cuales la acción anti-tradicional que se ejerció a partir del comienzo del siglo XIX no serían concebibles, fenómenos que entran más rigurosamente en el « plan », pero que es poco probable que puedan ser explicados mediante influencias judías y masónicas, porque, es necesario reconocerlo, los más determinantes de estos fenómenos fueron la Reforma, el Renacimiento y el Humanismo.[3]

---

[3] Es conveniente señalar que Lutero estuvo durante largo tiempo bajo la influencia de ambientes judíos y que, cuando él finalmente se dio cuenta de ello y escribió *Los Judíos y sus Mentiras*, era demasiado tarde y el mal ya estaba hecho; que Calvino, conocido en Francia como Cauvin (Cohen), era de origen judío, como, por lo demás, debía alardear la B'nai B'rith durante su convención de Paris en 1936; que el calvinismo influyó ampliamente en el anglicanismo y, por ese medía, la historia y las instituciones de los Estados Unidos (el aniericanismo es « espíritu judío destilado » - Werner Sombart); que cuando se trató de encontrar, para Enrique VIII, argumentos bíblicos para la petición de anulación de su matrimonio al Papa, será al teólogo cabalista Georgi y a los rabinos venecianos a los que él se dirigirá, por intermedio de su agente, Richard Croke; que el humanista Reuchlin (1455-1522), principal precursor de la Reforma, estudió hebreo y la cábala bajo la tuición del médico judío de Federico III, Jehiel Loans, y después con el rabino Obadia Ben Jacob Sfomo. De

Pero, veamos la exposición del libro, que explica en primer lugar, los dos resultados de la lucha subterránea y silenciosa que ha comenzado con la Revolución Francesa y se ha transformado en una especie de asedio a Europa, en la que los asediantes sabían perfectamente lo que hacían, mientras que los asediados no se daban cuenta de lo que pasaba.

«El primer resultado fue la conversión de la sexta parte del globo habitado en un foco revolucionario, impregnado de franc-rnasonería y de judaísmo, donde la infección, bajo el disfraz de ideas liberales, nobles y generosas, madura y toma conciencia de las fuerzas que ella organiza con toda seguridad, en vista de la segunda parte de su programa. El resultado de la segunda parte ha sido la transformación del resto del planeta en un medio flojo, desarticulado y dividido interiormente - como la casa de la que habla Cristo-, por rivalidades irascibles y odios regionalistas. El lo ha vuelto incapaz de toda iniciativa de orden ofensivo e incluso defensivo contra un enemigo cuyas fuerzas y audacia se han incrementado considerablemente ...».

La Santa Alianza fue la última gran tentativa de defensa europea. «La superioridad de Metternich **sobre todos los hombres de estado de su siglo, por no hablar del nuestro**, consiste precisamente en que él percibía la unidad, la síntesis del mal futuro». Él trata de agrupar todas las fuerzas opuestas a la revolución en un solo y único frente de resistencia transeuropeo, sin distinción de nacionalidades. Era ésa una idea novedosa y creativa, que podernos resumir con estas pocas palabras: «desde ahora, en Europa, ningún enemigo a la derecha» y, aquello que es su corolario: «todo lo que está a la izquierda, o solamente fuera de la derecha integral, es el

---

modo general, la Reforma puede ser considerada como el objetivo del humanismo, el que debe bastante a las doctrinas gnósticas y cabalísticas.

enemigo». Era el «uno para todos, todos para uno» de los reyes, que debían considerarse padres respecto de sus pueblos y como hermanos los unos de los otros; era la Sociedad de Naciones de la Derecha, la verdadera Internacional Blanca, la contraparte imperial y real anticipada del sueño democrático de Wilson; y, como los autores subrayan con razón, la visión supranacional de Metternich no ha encontrado su contraparte, invertida por su puesto, sino en aquella de Lenin y no en aquella de ciertos conservadores contemporáneos. En lo que a nosotros concierne, pensamos que es fundamentalmente oportuno hacer hincapié sobre el aspecto interno de la defensa europea de la Santa Alianza, rechazada demasiado a menudo por razones históricas contingentes y por esa cómoda palabra que infunde miedo: Reacción.

La Santa Alianza fracasa por dos razones. Primero, por causa de la ausencia de un punto de referencia espiritual absoluto. «Después del final del siglo XV, no existe ya una unidad espiritual en Europa, sino un conjunto de diversidades con base confesional o ideológica». La Santa Alianza reafirma con justa razón el principio de autoridad. «Para que la autoridad repose sobre alguna cosa sólida, es necesario que ella se apoye sobre el derecho divino. Que es lo único sólido y permanente, como Dios mismo». «Decir que la autoridad es necesaria para el orden, es tener razón sólo a medias. Es necesario que la autoridad repose sobre algo inmutable y universal, **no sobre aquello que es verdad hoy, error mañana (la democracia), verdad aquí, error allá (los nacionalismos)**.[4] De otro modo, habrá necesariamente conflicto entre la verdad de hoy y la de mañana, entre la verdad de aquí y la de allá. En este caso, por paradoja!que parezca, más fuertes sean las autoridades locales y temporales, más

---

[4] En el original: «sobre aquello que es verdad hoy, error mañana (los nacionalismos)».

convencidas ellas estén de sus verdades respectivas, la más grande será la anarquía universal». Para hacer de la Santa Alianza una cosa viva, lo que se necesita, es volver, no a la mentalidad del siglo XVIII, nitampoco a la de los siglos XVII o XVI, sino más bien al espíritu de las Cruzadas: «Un sólo frente de la Cristiandad, presidido por su jefe, un solo bloque, tapizado de lanzas, formadas en cuadrado y enfrentadas al infiel, que es uno, aunque se encuentre en todas partes y que, como algunos insectos tropicales, sabe tomar el color específico de las hojas que mordisquea y del ambiente en que se encuentra». La debilidad de la Restauración fue la de no ser sino una contrarrevolución;[5] no la restauración de la idea viviente del Sacro Imperio Romano, sino algo que estaba respecto de éste como aquello que la Sociedad de Naciones, «una demagogia de las demagogias, una incoherencia de las incoherencias», será a la Santa Alianza.

La segunda causa del fracaso de la reacción es que el frente único europeo, contra el retorno de la revolución, existió sólo en el papel. En 1830 ya no se toma en cuenta el derecho, el deber de intervención. «Si la solidaridad de los reyes, cuando ellos eran aún los dueños de la situación, hubiese sido semejante a la solidaridad de los judíos que **debían derrocarlos** (...) es muy probable que, para ellos, después de 1789, liquidado por 1815, no habría habido 1848 y, consecuentemente, puesto que todo está encadenado, 1866, luego 1870, y finalmente 1914 y 1917, seguidos por el marasmo

---

[5] En conformidad a lo que anuncia al comienzo de este artículo, Julius Evola presenta «las ideas esenciales del libro Jo más objetiYamente posible, expresando sí las reservas necesarias». Allí donde para de Poncins, respecto de «la Restauración, allí reside su debilidad, reside en no haber sido, hablando con total propiedad, una contrarrevolución (...)», Julius Evola, haciendo el contrapunto al autor francés, traduce así: «la debilidad de la Restauración consiste en no haber sido sino una contrarreYolución *(La debolezza della restaurazione fu di esser solo una contro-rivoluzione)* ».

mortal en el que agonizamos, para mayor gloria del triángulo masónico y del mismo Israel. »[6]

Es aquí donde aparece claramente el carácter radical del punto de vista del libro, que es confirmado por la acusación neta y valiente contra el nuevo principio de 1830: cuando el «por la gracia de Dios» es reemplazado «por la voluntad nacional», ya no hay monarquía, «sino la república disfrazada de monarquía». «Una vez admitida la tesis de la voluntad del pueblo como origen del poder, no existe ningún abismo que vencer para llegar teóricamente al bolchevismo; sino tan sólo un desarrollo lógico y progresivo de la doctrina. Es entre el «por la gracia de Dios» y el «por la voluntad de la nación» que se encuentra el abismo y es a partir de ahí que comienza el plano inclinado: toda la historia del siglo XIX será su demostración. Este abismo, Francia fue la primera en el continente, si dejamos de lado Suiza, a saltarlo, por segunda vez, en 1830». Entretanto, los autores tienen la precaución de agregar, que, para ellos, el gobierno de derecho divino no es de ningún modo sinónimo de arbitrariedad absolutista, puesto que él es guiado y limitado por las leyes supranacionales de la moral cristiana, mientras que la así llamada voluntad nacional, es decir, democrática, no debe rendir cuentas a nadie y no se subordina a ningún verdadero principio, sólo a los principios contingentes de la materia. Nos parece que hay aquí un punto sobre el que es conveniente reflexionar, puesto que esto no se hace generalmente por causa de prejuicios.

La revolución francesa de 1830 propina un golpe fatal al frente de la reacción y es con los movimientos de 1848 que comienza el gran ascenso político, social y económico del pueblo judío y de la francmasonería. La pretendida emancipación de los pueblos y los hombres no hizo sino

---

[6] En el original: «y de la estrella de Israel».

despejar el camino a la dominación oculta de una finanza que (...) su poder incrementado por las guerras y las revueltas. Un solo estado, según los autores, no está aún contaminado en esa época: Rusia; la Rusia irreductiblemente antisemita, antiliberal, teocrática. Fue allí donde se cumplió la primera acción táctica del complot internacional. La revolución mundial democrática se sirve de Napoleón III, quien se pone como el defensor de los «inmortales principios» y se entiende con Inglaterra, ya minada por la franc- masonería y medios liberales y radicales que están en connivencia con los movimientos del '48, para atacar Rusia. «No habría ningún motivo de conflicto serio entre Francia y Rusia, pero sí lo había, y bastante, entre la Revolución Francesa y el Zarismo, y la Guerra de Crimea fue la liquidación definitiva del pacto europeo de la Santa Alianza y la humillación de Rusia». «Evento y síntoma hasta entonces inédito en la historia, esta guerra fue una guerra por la democracia, (...) en la que dos monarquías aparecen por primera vez sobre la escena de la historia, en calidad de defensores mercenarios de la revolución general que desbordaba los ideales aparentemente nacionales de la Revolución Francesa».

Rusia momentáneamente abatida, se concentran todos los esfuerzos sobre la nación que está en las antípodas de la idea revolucionaria, el Antiguo Régimen de naturaleza feudal, el ideal de una unidad católica en la diversidad nacional y étnica, y, luego, el reflejo del Sacro Imperio Romano: Austria. Se trata aquí de un punto muy delicado, puesto que está indirectamente ligado a la cuestión de la unificación de Italia y se impone una distinción neta entre las condiciones indispensables de esta unificación y las ideologías, a menudo sospechosas, de origen no italiano, sino principalmente jacobino o franc-masón, que la han indirectamente favorecido. Son esas ideologías, el liberalismo, la democracia y el parlamentarismo, las que precisamente habrían entregado, durante estos últimos años, Italia al socialismo, si la contrarrevolución fascista no hubiera irrumpido. Pero Malynski y de Poncins hablan apenas acerca de esto; ellos se interesan sobre todo en las influencias de las que Napoleón III fue juguete por segunda vez, y, por fin, al nuevo episodio de la lucha subterránea contra los vestigios de la tradición aristocrático-católica europea. Este nuevo episodio es el conflicto austro-alemán. Ya no es Francia la que sirve de instrumento, sino Prusia.

Las distintas consideraciones expuestas en esta parte del libro tienen como objeto demostrar que la transformación del capitalismo, indirectamente favorecido por la idea nacionalista y militarista, debía permitir la extensión progresiva de la influencia oculta judía en Prusia, y luego en Alemania. Bismarck es descrito como «un gran prusiano, pero un pequeño europeo». «Era (...) un monárquico ferviente. Pero su monarquismo era estrictamente prusiano y debió haber sido alemán cuando Prusia misma se volvió Alemania; él no fue jamás europeo como, antes que él, lo había sido Metternich». Al contrario que él, «Bismarck no vio (...) dos frentes internacionales (...)». «Él no discernía sino el provecho inmediato de Prusia, aunque fuera a expensas de todos, de Austria y del mismo catolicismo»[7]. Aquello de lo que él no se daba cuenta es que, debilitar en otros el sistema que se defiende, significa condenarse a verlo atacado en la casa propia también. Es con él que se afirma un método peligroso, que consiste en «no remontar la corriente impresa a la historia por las fuerzas subversivas, sino a seguirlas, en el intento de utilizarlas para servir las ambiciones inmediatas del país y de las propias». Por otra parte, la burocracia del estado alemán pondría, poco a poco, en peligro las tradiciones aristocráticas e imperiales que él había conservado y crearía un mecanismo

---

[7] En el original: «él no discernía sino el provecho inmediato que podía obtener la Prusia monárquica, de,iniendo el instrumento de la ubicuidad capitalista aunque ello fuera a expensas de la idea monárquica en general».

virtualmente abierto a la ascensión de las fuerzas que se agitaban detrás del capitalismo.

No solamente Prusia fue el artífice de un nuevo debilitamiento de Austria, sino que también, al atacar a Napoleón III, instrumentoabandonado después de haber sido utilizado, ella debía contribuir a la aparición de la primera revolución proletaria europea, la *Commune de Paris*. Con ella, el Cuarto Estado celebra por primera vez su advenimiento. Hecho significativo, Marx y Lenin, repudiando con ostentación toda relación con las revoluciones burguesas, republicanasy democráticas del tipo 1789 y 1848, proclamansu filiación directa de la *Commune parisienne*. «Ella ha sido el primer toque de campana de aquello que sería la revolución bolchevique». También aquí, solamente los *naïfs* pueden pensar que ella fue un movimiento espontáneo; se trató al contrario, del primer fruto de un suelo minado oportunamente, que marca el comienzo de una nueva fase: «La revolución mundial (...), muy estratégicamente,se ha divididoen dos ejércitos, teniendo cada uno un objetivo diferente. La misión de uno, aquel que se proclama estentóreamente continuador de la Revolución Francesa y de 1848 y pretende descaradamente hacer de barrera de contención al otro, **con sus inmortales principios**, es la de dispersarse entre las naciones cristianas, para excitar hasta la histeria sus antagonismos nacionalistas. Al mismo tiempo, deberá envenenar, en nombre de la democracia, las viejas animosidades entre grupos e individuos de la misma nación. La misión del otra, aquel que comulga con el Manifiesto Comunista, es la de unificar y concentrar en un solo bloque homogéneo y compacto, alrededor del núcleo judío, todas las fuerzas militantes de la subversión. Estas fuerzas unirán los batallones de asalto destinadas a fracturar el frente enemigo, previamente dividido, tanto horizontalmente por los nacionalismos, como verticalmente, **no solamente por el mito marxista de la lucha de clases, sino que también por la democracia de todos los colores**». Después de la *Commune*, la llama revolucionaria vuelve al subsuelo, donde ella incubará durante cuarenta años, con bruscas y violentas llamaradas locales, aquí y allí. Ella se despierta y se expande en el mundo entero con el drama de 1914, preludio de los trastornos irreversibles.

Nosotros no podemos resumir aún más las anotaciones de los autores acerca de la preparación de la guerra mundial por el capitalismo y la industria, manipulada por la finanza internacional, en mayor o menor grado hebraizada. Nosotros nos limitaremos a indicar su interpretación de la significación general de la conflagración europea, de sus fines secretos y de sus resultados.

Malynski y de Poncins afirman que «la guerra mundial ha sido el duelo de la revolución contra la contrarrevolución». La revolución no se preocupaba en absoluto devolver Alsacia-Lorena a Francia, ni el Trentino a Italia o de gratificar a Inglaterra con el aumento de un cierto número de negros. Los cambios de las fronteras políticas no le aportarían nada. «Su gran preocupación, objetivo de cinco años[8] de destrucción sin precedentes, era el de hacer desaparecer las últimas fortalezas que constituían una amenaza para la seguridad del progreso democrático, como más tarde lo declarará el presidente Wilson»; «la causa de la guerra fue el deseo de cambiar la estructura interna de la sociedad en general y hacer avanzar de un gran salto el progreso de la revolución mundial». Esta idea los autores la comprueban por los detalles del conflicto. Por ejemplo, hay una desproporción notoria entre las causas y los efectos de la intervención americana. Wilson, «criatura del capitalismo judío», tolera justo hasta la mitad de abril de 1917 el aprovisionamiento de los dos beligerantes por la industria americana, y no es sino a partir de dicha fecha que toda la prensa americana se desencadena contra Alemania. Los

---

[8] En el original: «cuatro años».

entretelones ocultos de este asunto, según los autores, son los siguientes: justohastaesa fecha, era necesarioayudar a la monarquía de derecho divino alemana para aplastar la rusa. A partir de abril de 1917, habiendo sido alcanzado el objetivo por la revolución secretamente sostenida por la democracia inglesa y el oro judío americano, era sobre todo a las grandes democracias occidentales que había que ayudar, para derrumbar los imperios centrales de derecho divino. También la misma lógica será impedimento en 1917 para la paz propuesta por el emperador de Austria, el rey católico Alfonso III y el papa Benedicto XV, una paz que, según los autores, habría sido ventajosa para todos, pero habría preservado los imperios y habría permitido a Rusia, que aún no era bolchevique, ponerse de pie. A todas las consideraciones dictadas por el realismo se opondrá un radicalismo irracional,[9] que quería llevar la guerra hasta su objetivo, es decir, hasta la realización de sus verdaderos objetivos: la revolución y la transformación de Alemania en un república judaizada; «la demolición del imperio feudal de los Habsburgo y su reemplazo por un hormiguero de repúblicas radicales y económicamente inviables, que el comunismo inmediatamente tratará de dominar[10] la

putrefacción judaica del imperio medieval asiático de los zares y su transformación en una fábrica de microbios de la futura revolución mundial judía»; la creación del «mayor número posible de nacionalidades soberanas», con fronteras trazadas de manera que «sus intereses y, en muchos casos, sus necesidades vitales, fueran totalmente irreconciliables»; la institución de una asamblea platónica, sin poder ejecutivo, que no correspondiere a ningún interés verdadero, guardiana celosa

---

[9] Por radicalismo Evola entiende aquí la doctrina de los Iluminados y de las ideas de la Revolución de 1789, según la cual la política es la prolongación de la moral, siendo el indhiduo capaz, tanto en la ,ida pública como en la vida privada, de dominar su destino, si hace buen uso de su libertad.

[10] En el original: «lo que debía ponerlas fatalmente a merced de los judíos».

de un orden y de una paz que no serían más que «verdaderos concentrados de guerras futuras»; el incremento prodigioso del endeudamiento universal para el más grande provecho de la judería internacional y de la ubicuidad capitalista.

Todo ello se realizó con la Conferencia de París. Obra de ingenuos e irresponsables, de espíritus irreflexivos, impulsivos, incompetentes, visto del exterior; obra fuertemente inteligente, estudiada justamente hasta sus mínimos detalles, si nosotros la miramos desde la perspectiva de un plan de destrucción de la tradición europea; «obra de arquitectos que sabían perfectamente lo que construían y que trabajaban bajo la inspiración del Gran Arquitecto del Universo, el más alto personaje de las logias masónicas». Paradójicamente justo después de estos últimos años, nosotros podemos percibir, al día de hoy, todo lo que estos juicios contenían de verdad, a pesar de su extremismo.

De Poncins es el autor de una reciente monografía titulada *La Sociedad de Naciones, Súper Estado Masónico*. Las influencias judías que han sustentado al bolchevismo, el apoderamiento del judaísmo sobre los puestos claves del estado soviético actual son cosas tan conocidas por todos los lectores de *La Vita Italiana*, que ha revelado hechos al respecto y estadísticas irrefutables, que no es necesario referirse a aquello que el libro ha vuelto a traer al respecto. Más interesante es el hincapié hecho por los autores, que dos elementos muy diferentes estánen marchaen el bolchevismo. El primero, plenamente consciente de los fines verdaderos, sería el elemento judío o agente del capitalismo judío (del tipo de Trotzky). El fin de estas fuerzas es el de transformar la humanidad en una suerte de sociedad anónima por acciones, en la que el trabajo es un deber universal e Israel, puede que conalgunos testaferros, sea el dirigente y el beneficiario, el consejo de administración dictatorial. El lector puede constatar que este punto de vista coincide con el de Mussolini quien, en un reciente discurso en Milán, ha descrito el bolchevismo como la exacerbación del capitalismo y no como su antítesis. El segundo elemento son los «puros», los ascetas de la idea, del tipo de Lenin, quien no era judío[11] Estos son los soñadores, los ingenuos, aquellos que realmente creyeron y creen trabajar para el bien del proletariado y el comunismo, que se ha transformado en un capitalismo de estado exacerbado. Paraellos, el comunismo fue una creencia y un fin, mientras que, para los otros, era, por el contrario, un medio. «De todos los renovadores de la humanidad, en el bien como en el mal, Lenin ha sido probablemente el menos iniciado al fin de aquello que él cumplía». Su error, específicamente materialista y darwinista, ha sido el de ver en la humanidad dos especies en conflicto: los ricos explotadores y los pobres explotados. El único motivo de esta separación y de esta lucha reside luego en el vientre y no hay lugar para el espíritu, menos aún para una inspiración divina o satánica. Ahora, esjustamente sobre este terreno que se desarrolla la «guerra oculta»: se trata de un combate de espíritu contra espíritu.

Los autores abordan un punto que nos parece fundamental, cuando hablan de la fe, de algún modo religiosa, de los ambientes dirigentes subversivos, que no es «como muchos de nuestros contemporáneos imaginan ingenuamente, el accesorio de la política o de la economía. Fue y es precisamente lo esencial de la subversión mundial, y es la política, la economía o el **interés nacional**,[12] según las oportunidades variables, que son lo accesorio». El hecho es que hay hombres capaces de inmolarse por un amor desinteresado por el mal, sin esperar nada, con el sentimiento de un deber impersonal y siniestro, de una misión. «Hay una corriente de satanismo en la historia, paralela a la del cristianismo, y, de manera desinteresada como él, en lucha

---

[11] Su abuelo era judío.
[12] En el original: «étnico».

perpetua con él». Para nosotros, esta consideración no es una fantasía teológica, sino algo muy real. Nosotros diríamos que está ahí el verdadero punto de referencia, mucho más elevado y profundo que el del antisemitismo ordinario y unilateral; y nosotros no sabríamos cual de los dos elementos, separados, con toda la razón, en el bolchevismo, está más directamente relacionado con la verdadera inteligencia de la revolución mundial y al plan de la destrucción anti-tradicional; si es el asceta comunista o el judío enmascarado. Quien quiera que sea, y sobre esto también, estamos de acuerdo con los autores, los bolcheviques pasan y cambian, pero el plan inicial permanece, inmutable en su ejecución, impecable, progresivo, e independiente de su existencia efímera.

En el presente, sólo Rusia ha llegado a ese cero absoluto bajo el cual no queda ya nada. Así, es ella el único país en la historia donde la revolución permanece estacionaria y ya no se extiende en profundidad, sino que sólo en amplitud. El pueblo cree que es el sujeto cuando no es sino el objeto. En realidad, cuando el bolchevismo sea perfecto el «no se preocupará más de lo que piense la gente, de lo que nosotros nos preocupamos de lo que puedan tener en la cabeza nuestros corderos o nuestros bueyes, puesto que sabemos que algunas piezas de artillería serían suficientes **para exterminarlos sin el menor peligro para nosotros.**»[13]

Es así que una nueva época de la historia del mundo comienza. «Se tiene aún toda la jerarquía humana, cuando comenzamos a separarnos del Cristo: Renacimiento. Tenemos aún los príncipes y los reyes cuando nos alejamos del Papa y del emperador: Reforma. Sigue estando la burguesía cuando nos retiramos de la nobleza, de los reyes y príncipes que constituyen

---

[13] En el original: «para exterminar. sin el menor peligro para nosotros, todas las bestias del monte reunidas».

su cima: Revolución Francesa. Aún tenemos a la vista al pueblo cuando sobrepasamos el plano de la burguesía: 1848-1917. No nos queda más que la escoria guiada por los judíos, cuando se sobrepasan las masas: 1917». Es allí donde «comienza la era del fin apocalíptico».

Estas son las últimas palabras del libro. Palabras que hacen pensar un poco a «la continuación en el próximo número», que en las novelas por capítulos, interrumpen la narración en el momento más emocionante. Pero los autores podrían replicar que aquellos que estarían verdaderamente interesados en conocer su continuación, no tendrían sino que «esperar el próximo número», si son finales absolutos los que ellos quieren. Sea como sea, es evidente que el libro está, por así decirlo, trunco. Si bien él fue publicado en 1936, él termina como si hubiese sido terminado en 1918 o 1919. El estudio de toda la agitación contrarrevolucionaria posterior y de los distintos movimientos reconstructores, a menudo netamente opuestos a la Sociedad de Naciones y al bolchevismo, que tienen naturalmente el fascismo a la cabeza de la fila, no está ni siquiera esbozado. ¿Será así por qué los autores han considerado que este estudio era muy delicado o por qué ellos no veían claramente en qué dirección los numerosos movimientos en marcha se engancharían definitivamente; si se orientarían, no hacia simples sistemas de organización y de disciplina social, económica o nacional, o hacia un orden verdaderamente aristocrático y tradicional?

De todos modos, nosotros pensamos que no estamos equivocados al decir que se trata de un libro extremista, que vale la pena leer, puesto que presenta la historia bajo un punto de vista insólito y abre vastos horizontes a una meditación provechosa, a pesar de un cierto carácter unilateral y simplificación excesiva. Es necesario no olvidarnos que él surgió en Francia, es decir, en un medio donde, quien quisiera defender hasta el fondo y sin atenuaciones la herencia espiritual de la antigua Europa aristocrática y católica, no se mostraría ni optimista ni conciliante. Pero si este libro hubiese terminado con un estudio de la contrarrevolución contemporánea, los autores habrían tenido un rol aún más útil y estarían de acuerdo con aquellos que no se limitan a constatar la decadencia moderna, sino que están dispuestos a consagrar todos sus fuerzas para ponerle remedio.

Julius Evola

# Capítulo I

## El siglo XIX:
## La Revolucion se despierta

La clave de la entera historia del siglo XIX es la evolución del movimiento revolucionario de 1789 hasta el bolchevismo ruso.

Esta lucha subterránea se inició con la Revolución Francesa, propiciada por los Illuminati reunidos en el Congreso de Wilhelmsbad bajo la presidencia del profesor bávaro Weishaupt. Un sector de la ciudad, ya asediado desde una decenas de años atrás (ya que ella lo estuvo desde los tiempos de Rousseau, del Enciclopedismo y de la difusión de las logias), uno de los sectores más bellos, fue tomado por asalto y sus habitantes fueron enrolados para atacar los sectores cercanos. Como sucede en los asedios verdaderos, esta parte de la ciudadela fue recuperada por los otros asediados, después de combates encarnizados que sucedieron en la era napoleónica. Los asediantes, entonces, se retiraron y se recogieron en sus posiciones de seguridad. Pero ellos dejaron en la plaza asediada un germen infeccioso que allí fructificó, deviniendo Francia en el siglo XIX en *l'enfant terrible* de Europa entera.

Es en Francia que tuvieron nacimiento aquellas revoluciones que, bajo el disfraz de ideas liberales, nobles y generosas, con su gradual realización, modificaron insensiblemente el rostro del mundo cristiano y la estructura interna de la sociedad europea, en beneficio de elementos revolucionarios, entre los cuales los hebreos estaban en primera fila. Toda la historia profunda del siglo XIX, hasta la Primera Guerra Mundial, es la historia de esta lucha muda y sorda en la mayor parte de los casos; lucha entre los asediantes, que sabían muy bien lo que hacían y los asediados, que no se daban cuenta de lo que sucedía.

Dicho proceso ha durado exactamente un siglo y dos años (1815-1917) y él ha conducido a dos resultados.

El primero es la transformación de las sexta parte del mundo habitado en un foco revolucionario, impregnado de masonería y de judaísmo, en la que la infección ya madura se vuelve consciente de las fuerzas que la organizaban, con la seguridad total en vista de la segunda parte del programa.

El segundo es la transformación del resto del planeta en un ambiente blando, desarticulado y dividido interiormente por rivalidades irascibles y odios regionalistas. Ella lo ha vuelto incapaz de toda iniciativa de carácter ofensivo e incluso defensivo, contra un enemigo cuya fuerza y cuya audacia habían aumentado considerablemente y que, seguro de su inmunidad, creía poder atacar siempre, sin correr el riesgo de tener que defenderse nunca.

Definitivamente, esto se debió a un ambiente mundial tan dominado por el capitalismo, tan anemizado por la democracia, tan sacudido por el socialismo y dividido por nacionalismos mal entendidos, que ya no fue capaz de oponer firme resistencia a un similar ataque.

En el año 1813 la Europa tradicional por fin se había decidido a reaccionar solidariamente contra la revolución, personificada por Napoleón. Se trataba propiamente de la revolución, y no de Francia, del mismo modo que se combate contra la enfermedad que aqueja a una persona y no contra la persona misma. La mejor prueba de ello es que el Congreso de

Viena no abusó en absoluto de su victoria respecto de la Francia vencida, la que no perdió nada de su territorio, en cuanto \·ohió a ser una monarquía honorable y honrada. Los monarcas de derecho divino en Europa no hicieron sino reparar su culpa capital, por causa de la cual habían corrido el riesgo de perder la corona y ·que habria empujado a sus pueblos a las convulsiones democráticas ya un siglo antes del momento fijado por el destino.

Esta culpa se refería al hecho que todos los monarcas, en cuanto a miopía, habían superado incluso a Luis XVI. Éste se había obstinado en no ver nada más que movimientos accidentales de revueltas debido a descontentos ocasionales, allí donde en cambio comenzaba la era revolucionaria. Del mismo modo, estos monarcas sólo pensaron en riYalidades de nacionalismos regionalistas, en lugar de ponerse de acuerdo como un solo hombre, olvidando sus divergencias crónicas que, en comparación, eran solamente discordias de familia, para aplastar el germen, antes que pudiera manifestarse y difundirse, el peligro que amenazaba el mundo.

Como demasiados de nuestros contemporáneos, ellos tampoco parecieron darse cuenta que se iniciaba un nuevo capítulo de la historia. La guerra por excelencia del siglo XIX debía ser aquella de los estratos sociales superpuestos: la guerra de la democracia universal contra la elite uniYersal; la guerra de lo de abajo contra lo de arriba; y la guerra del mundo ínfero contra el mundo divino será en general la consecuencia lógica. Donde la democracia triunfará, allí lo bajo se transformará en lo alto y deberá defenderse contra algo más abajo aún, que a su vez, se encontrará en la misma situación apenas llegado al poder y al vértice. En línea de máxima, ha sido siempre la guerra de la democracia contra una aristocracia relativa, y así debían sucederse las cosas fatalmente, hasta el día en que se tocó fondo.

El día de hoy, sólo Rusia ha alcanzado ese cero absoluto, debajo del cual ya no queda más nada; así, ella es el único país en la historia, en el que la revolución está estacionaria, y no aumenta ya en profundidad: ella tiende sólo a la expansión y no podría ser de otra manera. Contra nuestros argumentos, que la revolución bolchevique ha alcanzado el último grado de profundidad, se podría objetar que las cosas no son así, puesto que ella todavía no ha ganado la mayor parte del pueblo ruso, en sus estratos realmente profundos. Quien postulara dicho argumento y fuese también sincero, puesto que muchos lo utilizan solamente para no dejar entrever la verdad, éste demostraría de haberse quedado en el punto de considerar la revolución moderna o la democracia, que es su continuación, como una manifestación «del pueblo, hecha por el pueblo, para el pueblo». **La verdad es, en cambio, que la revolución y la democracia son sólo medios empleados en el conjunto de un plano de conspiración general, para arrancar el poder sobre el pueblo de las manos de aquél grupo y de aquella idea positivamente aristocrática, que siempre ha estado por sobre y más allá de la mayoría del género humano.**

Revolución burguesa, democracia, revolución «social», comunismo, no son sino varios episodios del duelo gigantesco entre dos grandes principios, personificados uno por la tradición y el otro por la anti-tradición. Y si Satanás se rebeló, en nombre de la libertad y de la igualdad respecto a Dios, ello no ha acaecido sólo para *no servir*,[14] sino para someter, sustituyéndose a la autoridad del Altísimo.

---

[14] El texto original en el italiano dice: *E se Satana si e ribellato in nome della liberta e dell'uguaglianza rispetto a Dio, ciò non e accaduto solo per «non servire», ma per asservire, sostituendosi all'autorita legittima dell'Altissimo*. Debe comprenderse, en consecuencia, la disposición del ángel rebelde, no sólo a no servir (non servam), sino para hacerse servir.

El pueblo no es luego el *sujeto* sino el *objeto* de esta revolución del pretendido progreso democrático, constelado de revoluciones violentas que aceleran su marcha.

Queda aún toda la jerarquía humana cuando nos comenzamos a separar de la tradición: el Renacimiento. Quedan los príncipes y los reyes, cuando nos separamos de la jerarquía religiosa y del emperador: la Reforma. Queda la burguesía cuando nos separamos de la nobleza de los príncipes y reyes que son los ápices de ésta: Revolución Francesa. Queda aún el pueblo, cuando se sobrepasa el plano de la burguesía: 1848 - 1917. No queda sino la escoria y un mundo subhumano cuando se va más allá de las masas: 1917, bolchevismo. Cuando la revolución se complete en profundidad como lo es ya en Rusia, y en extensión, como podrá serlo sólo cuando el mundo se parezca al decaído imperio de los zares, ella no se preocupará de lo que piense el pueblo, más de lo que a nosotros nos preocupa aquello que nuestros corderos o nuestros bueyes podrán tener en la cabeza, puesto que sabe que bastan unas pocas bacterias para exterminar sin peligro alguno para nuestras personas, la totalidad de todas las bestias del rebaño.

# Capítulo II

## La Santa Alianza – El Último Europeo

Si bien pocos entre nuestros contemporáneos, después de un siglo de experiencias crueles y desilusiones conclusivas, han llegado a comprender el verdadero sentido de la revolución y de la democracia, no debemos asombrarnos que los Aliados de 1815, para quienes el fenómeno era aún nuevo, tuvieran, al respecto, ideas más bien confusas.

Sin embargo, el más inteligente entre sus estadistas, el menos miope del siglo XIX, el príncipe Metternich, parecía darse cuenta de la pesadilla espantosa que se cernía sobre el porvenir. Y él no dejó nunca de hacer todo lo que estuvo a su alcance para que el Congreso de Viena no fuera únicamente un «hermoso ocaso» para los reyes. Único en aquella asamblea, constituida exclusivamente por aristócratas, él supo elevarse más allá de los intereses inmediatos de su país, tratando de constituir un frente único y permanente dirigido, no tanto contra el peligro externo propiamente tal, sino contra el peligro interno amenazante en todas las naciones europeas. Las medidas tomadas contra la posibilidad del retorno de Napoleón no tenían por objetivo al gran general, sino al hombre que, desde los roqueríos de Santa Elena, se había proclamado «el mesías de la revolución» y cuya leyenda había sido usurpada por la democracia, que había confiscado los laureles napoleónicos para esconder sus sórdidos harapos bajo un manto de epopeya.

Metternich no tenía nada contra Francia, contra la vieja Francia tradicional de los Borbones, pero desconfiaba del país, en el que la «mentalidad nueva» parecía haber establecido su cuartel general.

El porvenir debía encargarse de demostrar cuanta razón él tuvo. El drama de la Revolución no se había desarrollado en vano ante sus ojos. Aquella lección, inútil para muchos, él no la había ohidado. Él había visto la constitución «liberal e iluminada» aplanar el camino que la Gironda y el Terror debían recorrer, comenzar con los abrazos y terminar con las decapitaciones. Él había visto ·al liberalismo ser el preludio del jacobinismo, y él no se hacía ilusiones sobre las bellas frases rimbombantes que fascinaban a las mentes débiles y sugestionables. Debidoa esta clarividencia suya, él nunca dejó de ser «la bestia negra» por antonomasia de los «corazones nobles, sensibles y generosos» que recibían devotamente la comunión bajo el signo de los «inmortales principios», de los gigantes sin fe y sin ley de la Revolución Francesa. Y aquellos osan reprocharle aún hoy, después de tantas pruebas nuevas a su haber a favor de sus ideas, haber metido en el mismo saco jacobinismo y liberalismo, libre pensamiento y principio de las nacionalidades, estigmatizando el conjunto con los epítetos de secta, peste y hecatombe. Él no fue ciego como tantos conservadores y aristócratas contemporáneos. Ellos, después de haber tenido tantas ocasiones de estudiar dichos síntomas en su aparente diversidad, tan sabiamente graduada, con el fin de no alarmar sino progresivamente y en pequeñas dosis, desconocieron su íntima unidad y no se dieron cuenta de la conexión entre causa y efecto existente, desde más de un siglo, entre cosas que se trata de diferenciar sólo para engañar y confundir a los miopes, con la diversidad del nombres: liberalismo, humanitarismo, tolerancia, libre pensamiento, modernismo, constitucionalismo, parlamentarismo, preludios idílicos del jacobinismo, radicalismo, comunismo, Comité de la Salud Pública y la *Ceka*.

La superioridad de Metternich respecto de todos los hombres de estado de su siglo, para no hablar de aquellos de tiempos sucesivos, consiste precisamente **en haber visto como unidad, como síntesis, el mal futuro**. Habiendo constatado aquel frente único de distintas denominaciones, él trato de reunir a todos los suyos, todos aquellos que la revolución consideraba corno futuros obstáculos, en otro frente único sin distinciones de nacionalidad, para oponerse al primero en toda la extensión de Europa. Era, ésta, una innovación inédita y creativa en el dominio político, que se puede resumir así: «Desde ahora, en Europa, ningún enemigo a la derecha», con el corolario: «Todo lo que está a la izquierda, o solamente fuera de la derecha, es nuestro enemigo». En este terreno, Metternich concuerda con Lenin, pero no concuerda con ninguno de los conservadores contemporáneos. Otros hombres de estado de aquel período, que los manuales de historia suelen poner a su mismo nivel, aparecen esencialmente corno grandes exponentes de su nación. Metternich en cambio, embebido de las tradiciones del Sacro Imperio, del que los antepasados de su soberano habían sido titulares durante muchos siglos, tuvo en cuenta no tanto su nación austriaca, sino más bien Europa y fue ciertamente, después de Carlornagno, uno de los más grandes «europeos».

Él no pertenecía a la raza de aquellos insensatos que consideraban el colmo de la sabiduría diplomática el contemplar con agrado el incendio que estalla en la casa de un vecino incómodo, y que no se daban cuenta de vivir en una época en la que todas las casas de la ciudad europea escondían en su subsuelo materias explosivas, sin que su misma casa pudiera ser la excepción. Él no habría estrechado una alianza con carbonarios y franc-masones como hizo Cavour. Precisas razones tácticas bien es verdad llevaron a Cavour a este pacto con la subversión, en nombre de la unidad de la patria italiana. Pero, habiéndolo aceptado, la Italia así reconstituida quedó colocada en la dirección de un descenso fatal, que estuvo, por conducirla, por grados, hasta el comunismo. Ella ya habría sido hundida si la contra revolución fascista no la hubiera sah-ado, contra toda esperanza, en el momento en el cual a muchos, todo parecía perdido.

Metternich no habría alentado un régimen republicano y democrático en una nación vecina, por ser ésta un rival que debía ser debilitado y desmoralizado. Es aquello que Bismarck, en cambio, a pesar de ser monárquico y conservador, hizo con Francia: siendo instrumento inconsciente de la subversión, no encontró nada mejor que agredir a la Iglesia Católica y estrechar relaciones con el hebreo Lasalle. El socialismo de estado de este último, pretendía no ser internacional y reforzar la centralización administrativa y económica del imperio alemán. Esto, hasta el momento en el cual dicha centralización hubiese estado completa. Entonces, un simple cambio de personal habría bastado para transformar este imperio, gobernado por una oligarquía aristocrática aparentemente más poderosa que nunca, en una república gobernada, harto más despóticamente, por una oligarquía hebrea o pro-hebreos.

Este proceso Lenin lo ha descrito en sus obras y el mismo Lasalle lo deja entrever en las líneas de su correspondencia con su correligionario, el hebreo Karl Marx. El nacionalismo se mata a sí mismo, cuando llega a este grado de violencia y obtusidad.

Metternich veía el peligro supremo: pero era el único. Por tanto, él desconfiaba más o menos de todos, comenzando por Francia y terminando por Rusia.

¿Podía ser de otro modo, dándose cuenta de ser el único en ver los puntos de intersección de todas las fuerzas que agitaban la sociedad de su tiempo? ¿por cuál causa, entonces, un plan en conjunto, una obra de previsión tan excepcional y una valoración tan exacta del carácter completo de su época, no ha dado los resultados que era legítimo esperar?

Antes de responder a esta pregunta, apresurémonos en decir que sería injusto no considerar como un resultado y como un gran beneficio para los pueblos, la paz ininterrumpida de la que la Europa cristiana ha disfrutado desde el 1815 a 1853. Durante este período no hubo ni guerras, ni alarmas serias, ni aquella tensión nervíosa entre las naciones, que a la larga ha terminado por agotar los nervíos de nuestros contemporáneos. Una completa pacificación durante cuarenta años consecutivos es un buen record y nuestros abuelos la debieron a la concepción de Metternich, a una concepción antidemocrática de las relaciones internacionales. Es cierto que es mucho; pero podría haber sido más. La razón del fracaso final de la obra elaborada en Viena está en el hecho que un programa puede dar sus frutos solamente si es íntegramente seguido y ejecutado; nunca cuando éste entra, aunque sea parcialmente, en una especie de compromiso.

Ahora, si bien mucho más coherente y completa de todos los demás congresos y todas las conferencias sucesivas, la obra del Congreso de Viena fue, sin embargo, un compromiso entre la concepción del canciller austriaco y las idiosincrasias de los otros participantes. La tesis de Metternich era una alianza defensiva y ofensiva de todos los monarcas cristianos y autoritarios de Europa. Ellos debían considerarse como padres respecto de sus pueblos y como hermanos los unos de los otros. Debían garantizarse recíprocamente las fronteras definidas en el tratado, para evitar toda discordia y concentrar el esfuerzo común contra todo tentativo subversivo que pudiese amenazar, o siquiera sólo poner en discusión, la dignidad de soberanos absolutos de derecho divino, propia a cada uno de ellos. Eso era el «cada uno para todos, todos para cada uno» de los reyes; en una palabra, una internacional blanca, la Sociedad de las Naciones de la derecha, la contraparte imperial y real anticipada del sueño masónico y democrático del presidente Wilson.

Desde su origen, la Santa Alianza fue condenada al fracaso por dos razones, que, en el fondo, se reducen a una. Sin embargo, nosotros las consideraremos por I separado. La primera contiene en potencia la segunda. Tiene un carácter sintético y es con ella que comenzaremos.

Quien se hubiere transportado con el pensamiento sobre aquellas orillas del Danubio Azul en el año 1815, donde nació la Santa Alianza, habría constatado, estupefacto, que entre tantos y tan distinguidos padrinos, alguno faltaba. Era precisamente aquel, que lógicamente, debería haber sido la llave maestra del nuevo edificio político y social. Era la «piedra angular" sin la cual no es posible construir aquella unidad de la diversidad, a la que la Santa Alianza aspiraba. Era la piedra, por ejemplo, que fue la unidad en la diversidad de las naciones cristianas, desde Constantino el Grande, hasta la aparición de Lutero, Calvino y sus discípulos.

A partir del final del siglo XV en Europa no ha habido ya una unidad espiritual, sino sólo un conjunto de diversidades de base confesional o ideológica. La Reforma fue la primera ofensiva revolucionaria, el primer atentado contra el orden que, en el vértice, tiene la fe, no la mera fuerza, sin otro criterio que sí misma. Nosotros queremos decir la fe que, siendo necesario, se sirve de la fuerza, cosa bien diferente de la fuerza que trata de crearse artificialmente una fe, para senirse de ella.

Entre ambas concepciones hay un abismo. Si la Reforma, como revolución religiosa, no ha matado el derecho divino en la letra, lo ha matado en el espíritu, dejando la segunda fase del desarrollo subversivo a la revolución social y política. Ella lo ha matado en aquello que constituye la garantía constitucional de los regímenes absolutos: la realidad de una ley derivada de la tradición. Esta ley, que es el recurso supremo del hombre, de la personalidad autónoma, contra la fuerza o, lo que es lo mismo, contra el número, tiene un valor universal. Ella es, en todo lugar, siempre la misma, en el espacio y en el tiempo, por sobre los pretendidos caprichos de las masas como también aquellos de los príncipes y de las elites. Decir que la autoridad es necesaria al orden es decir, de hecho, sólo la mitad. Es necesario, además, que la autoridad se apoye sobre algo inmutable y universal, no sobre aquello que es verdad hoy, error mañana (democracia), verdad aquí, error allá (nacionalismo mal entendido). De otro modo habrá forzosamente un conflicto entre la verdad de hoy y la de mañana, entre la verdad de aquí y la verdad de allá. En dicho caso, y por paradoja!que esto aparezca, en la medida que las autoridades locales estén más fuertemente convencidas de su verdad, tanto más grande será la anarquía universal. Y lo puede constatar quién hoy contemple el mundo a vuelo de pájaro, en lugar de limitarse a analizar con el monóculo lo que acontece en unos cuantos kilómetros cuadrados durante una estación.

Con el objeto de que la autoridad se apoye sobre una base firme, es necesario que ella se remita al derecho divino. Sólo este es firme y permanente como Dios mismo. El derecho divino, lo dice el mismo nombre, no es el derecho de los reyes y tampoco es el del Papa. Es el derecho de Dios, como se manifiesta en la tradición. Los jefes de estado y el pontífice, no son sino sus vicarios. Joseph De Maistre, contemporáneo del Congreso de Viena, no tuvo él mismo, sino razón a medias, cuando dijo que el Papa debe ser el moderador de los reyes. El Papa y los reyes no son sino los intérpretes de la ley, cada quién en su propio dominio y en este sentido ellos representan soberanamente los ejecutores. Pero, no por ello, el Papa representa en menor grado el único punto posible y visible de referencia para una unidad en la diversidad, es decir, para un reflejo de lo que es verdadero e inmutable en el espacio y en el tiempo.

En esto consiste la esencia del derecho divino. Se replicará que las monarquías de derecho divino han tenido en su origen, actos de fuerza. Ciertamente, pero si estas afirmaciones han devenido en derechos divinos, o mejor, en derecho divino, quiere decir que ellas se han subordinado a dicho derecho, implicante al mismo tiempo un deber. Con ello, éstas han entrado en el orden universal e inmutable de la tradición, del mismo credo y del catecismo uniforme, que es el credo en acción. ¿se necesita alguna cosa más, en la práctica?

En las antípodas del derecho divino, se encuentra la voluntad de las naciones desacralizadas y materializadas, que es precisamente verdad aquí, error allá, verdad hoy, error mañana.

Los reyes que han optado por la Reforma han votado por aquello que, después, debería eliminar el principio en virtud del cual ellos reinan, por gracia de Dios. Queriendo liberarse del yugo constituido por la palabra de Dios, ellos han caído bajo el yugo de las palabras incoherentes de los hombres. Sin darse cuenta, ellos han cedido sus derechos de progenitura por un plato de lentejas, al cambiar el derecho divino por la voluntad nacional.

La obra de demolición iniciada por el protestantismo será continuada por el filosofismo, el ateísmo, el democratismo, el civismo, el nacionalismo colectivista y el capitalismo. Con el adviento de la Reforma, en una parte del Occidente el derecho divino deja de vivir. Aún durante un cierto lapso de tiempo, subsistirá como una virtualidad, como aquellos astros apagados cuya luz sigue llegando hasta nosotros; pero ellos no serán ya una realidad.

La revolución estaba ya contenida en la Reforma, una estando respecto de la otra en relación directa de causa y efecto. En los países donde la Reforma ha triunfado, no ha habido ni siquiera una revolución visible, sino una evolución lenta y progresiva que ha conducido al mismo resultado, a la adoración de abstracciones y de ideas que sustituyen a Dios en una especie de derecho divino mitológico.

El vértice de este nuevo derecho, no siendo lo superior sino que aquello que es inferior, ha producido exactamente y textualmente la inversión del edificio tradicional.

## Capítulo III

## La Santa Alianza, nacionalismo y universalismo

Nuestros contemporáneos, incluidos aquellos que están personal y directamente amenazados por la subversión, entienden aún menos que nuestros antepasados que, para reaccionar eficazmente contra el peligro mundial, es necesario remontarse, no a la mentalidad del siglo XVIII, ni a la del siglo XVII o a la del siglo XVI, **sino al espíritu de las Cruzadas**.

Es apenas necesario añadir que no se trata de volver a las velas de sebo, a la diligencia, a la servidumbre de la gleba y a la persecución de las brujas, **sino a aquel espíritu que supo hacer para el bien aquello que hoy la subversión sabe hacer para el mal**: un frente único, un solo bloque, tapizado de lanzas, dirigido en formación cuadrada contra el «infiel», que es uno aunque esté en todas partes, y que, similar a ciertos insectos tropicales, sabe asumir el color específico de las hojas que él mordisquea y del ambiente en el que se encuentra.

La Restauración, propiamente hablando, no ha sido una contra revolución que hizo *tabula rasa* de todo lo que había acontecido: en esto está su debilidad. Olvidada la advertencia evangélica, esta realización pálida y prudente, en cambio se ingenió en verter el vino añejo de la regalidad tradicional en las barricas nuevas y ensangrentadas dejadas por los regicidas. El resultado, como se sabe, fue aquel predicho por el Evangelio.

Se limitó a aquel programa meramente defensivo, que no recogió triunfos, sino sólo desastres; al programa de aquellos «moderados» que frenan y reprimen, pero nunca se dan la media vuelta y hacen marcha atrás, de manera que aquellos que le siguen terminan siendo atropellados, pasando éstos sobre sus cuerpos. En 1815, solamente Austria se enfrentaba a la verdad práctica y realista de la historia. Ella sola reconocía, a través de la mirada aguda de su canciller, que contra un plan de conspiración histórica, remontable bastante más allá de 1789, y de conspiración total, ya que era religioso y civil al mismo tiempo, era necesaria una reacción total y no parcial, una reacción dirigida a la esencia y no sólo al síntoma inmediato: puesto que no se sana ciertamente de un veneno, administrándolo diluido en agua azucarada.

Las xenofobias agudas de los nacionalismos modernos, con sus miopes egoísmos que sólo van en provecho del enemigo común, volvieron a Europa inorganizable. Ella no puede devenir una unidad en la diversidad, por cuantos cuidados pueda tenerse para respetar estas diversidades en sí mismas legítimas. Los imbéciles pueden ya gritar desde los techos que la religión es nada: **la religión es todo y lo demás es su consecuencia**. He aquí por qué la Santa Alianza no pudo ser la continuación del Sacro Imperio.

La Santa Alianza es al Sacro Imperio, como la Sociedad de las Naciones es a la Santa Alianza. La Sociedad de las Naciones será una demagogia de las demagogias, una incoherencia de las incoherencias. Ella será luego una incoherencia y una demagogia, elevada a la segunda potencia, en otros términos un parlamento de los parlamentos, una nación de las naciones, una multitud de las multitudes.[15] Por lo demás, la Santa Alianza estuvo ya más que a la mitad del camino que separaba el Sacro Imperio de la Sociedad de las Naciones. Ella estuvo más cerca de esta última puesto que, no lo olvidemos, dos de sus componentes, Francia e Inglaterra, tenían ya un régimen constitucional de los parlamentos, con los cuales los dirigentes tenían que vérselas.

Resumiendo, el mal, a causa del cual la Santa Alianza debía perecer, era un mal originario, inherente a una fecha de la historia y contra el cual ya nada se podía hacer en 1815, ya que no se podían suprimir retroactivamente Lutero y Voltaire, Calvino y Rosseau. Son los manes de estos muertos, como aquellos de Cromwell y Robespierre, reunidos contra el enemigo común, que debían matar a la Santa Alianza, puesto que ella no supo matarlos por una segunda vez en sus tumbas.

Uno de los signos exteriores de este defecto de origen era la ausencia del Papa que, por lo menos para las naciones católicas, habría constituido una conexión a una superior unidad. Más en general, faltaba un jefe que, como representante de la pura autoridad espiritual, en la plenitud de su universalidad e independencia, pudiese afirmar su derecho por sobre todos y emerger como una común oriflama, sin que ninguno de los grandes de aquí abajo pudiera sentirse humillado o menoscabado, debido a la trascendencia y a la forma supra-política misma de su función. Y si este supremo, intangible punto de referencia falta, si esta pura autoridad espiritual calla, es evidente que será el turno del que cante más fuerte, hasta callar la voz del vecino, uno con el *Rule Britannia*, otro con el *France D'Abord* y otro con *Deutschland Über Alles*.

---

[15] En la edición que corresponde a la traducción de este libro al italiano a partir del idioma francés, el traductor incluyó una nota que señala lo siguiente: «Es obvio que esto vale en forma idéntica para la ONU actual»'.

A pesar de su nombre, como coalición, sobre todo política, al nacer la Santa Alianza llevaba en su pecho una enfermedad mortal. Como se verá en esta obra a continuación, los dos estados surgidos de la Reforma y aquel que conservaba el recuerdo de la Revolución, fueron los elementos desleales por los cuales al final fue destrozada.

Este proceso duró un cierto tiempo, casi cuarenta años, durante los cuales el vacío se hizo aún más grande; insensiblemente, la Santa Alianza, o lo que de ella aún subsistía en el papel, devino en un mito, cuya única realidad palpable era Austria.

Con sus reinos, sus principados y sus condados, con sus pueblos, lenguas y razas, pacíficamente agrupados bajo el mismo cetro, esta supervivencia del Sacro Imperio realizaba ya en sí misma, en proporciones reducidas, el tipo y el carácter de una Santa Alianza, donde el catolicismo tenía la primacía sobre cada particularismo.

Tanto política como religiosamente ella era católica por excelencia, y por esto ella fue el blanco del odio de todos los protestantismos, liberalismos y democratismos. Sólo Austria podía seguir siendo el exponente de la Santa Alianza, que en ella se confundía con el Sacro Imperio, sin haber podido hacer participar al Papa, puesto que ¿qué habría podido ella contra tres, e incluso contra cuatro?

Así fue Austria hasta el día en que sus antiguos asociados se le arrojaron encima. La voz de las afinidades históricas, liberadas de las contingencias y del accidente representado por la Santa Alianza y reforzadas por la acción incansable de la subversión moderna, finalmente se había hecho sentir: ella había sido sofocada, por el miedo, durante 40 años; pero la inclinación natural, prohibida, volvía ahora a la carga.

La revolución de 1830 señala el fracaso histórico de la Santa Alianza.

Examinemos ahora, analíticamente, tomando en cuenta lo dicho hasta ahora, la razón por la cual la concepción de Metternich, finalmente, después de haber dado a los pueblos cuarenta años de calma profunda, ha fracasado. La causa principal está en el hecho que, a pesar de los acuerdos firmados, el frente único contra todo retorno de la revolución, existió sólo en el papel. Si la cláusula más importante de dichos acuerdos, el derecho, o mejor dicho el deber de intervención, hubiese funcionado, es muy probable que, después de 1789, liquidado por el 1815, no habría existido un 1848 y, consecuentemente, debido a que todo está encadenado, tampoco el 1866 y luego el 1879 y finalmente el 1914- 1917, seguidos por el marasmo mortal en el que gran parte de Europa fue inmersa, para mayor gloria del triángulo masónico y de la estrella de Israel. Si la solidaridad de los reyes, cuando ellos eran aún dueños de la situación, se hubiera asemejado a la de los hebreos, nunca la subversión habría prevalecido contra ellos. Pero, a pesar de las lecciones de la Revolución Francesa, los monarcas, una vez conjurado el peligro inmediato, volvieron a pensar y a actuar como en el siglo XVIII, es decir, según la oportunidad inmediata y particular.

Dejando de lado los casos de Bélgica y de las colonias españolas de ultramar, puesto que ellos, en vista del presente fin, son menos interesantes, fue Francia la que dio el primer golpe al pacto de Viena. La revolución de 1830 era un caso previsto por el principio de intervención. Los monarcas legítimos por «gracia de Dios» se habían garantizado mutuamente su legitimidad.

Ahora he aquí que la insurrección deponía un rey legítimo «por la gracia de Dios», es decir, un soberano que Dios solamente podía llamar de vuelta a él y, eventualmente, sólo su sucesor legítimo sustituir. El sucesor legítimo existía; sin embargo fue otro el elegido. Este otro realizaba el tipo de mentalidad del «justo medio», mentalidad burguesa y mediocre por excelencia. En su persona, él representaba simultáneamente la tradición real y la revolucionaria. Fue elegido él, porque así le había gustado al pueblo: rey de los franceses por tanto y no rey de Francia, es decir, no propietario por herencia de Francia, sino más bien primer funcionario del país. Como todo funcionario, él era, por tanto, revocable.

Incluso oficialmente, él no era ya rey por la «gracia de Dios» sino por «voluntad de la nación», fórmula nueva sobre la que basta un momento de reflexión para darse cuenta cuán poco tiene ella que ver con la monarquía tradicional. Es una realeza privada del principio que constituye su razón de ser.

Aquí no se trata de un simple matiz, de una fórmula sin importancia, sino del abismo existente entre dos mundos, el de la lógica y el del absurdo. Lógicamente, aquel que está en lo alto no puede estar subordinado a aquel que está en lo bajo, sin que él deje automáticamente de estar en lo alto. La afirmación que el pueblo no esté constituido por los hombres del pueblo, sino que represente una entidad casi metafísica, es una sutileza sofista o una mala broma. Dicha afirmación es, además, infinitamente peligrosa, a pesar de su moderación aparente, calculada para no espantar los ambientes moderados.

Los socialistas y los mismos bolcheviques, no hay que olvidarlo, dicen más o menos la misma cosa: los obreros de países industriales como Inglaterra, los obreros y campesinos de países rurales como Rusia, constituyen la mayoría del pueblo, luego, según la virtud democrática del número, son el pueblo con letra mayúscula.

Una vez admitida la tesis de la voluntad de la nación como origen del poder, **ya no hay ninguna necesidad de llegar teóricamente al bolchevismo**: sólo hay un desarrollo lógico y progresivo de la doctrina. Es entre el «gracia de Dios» y la «voluntad de la nación» que se encuentra el abismo y es aquí donde comienza el descenso: toda la historia del siglo XIX es su demostración.

Sin contar Suiza, Francia ha sido la primera en saltar sobre este abismo, por la segunda vez en 1830. Fue, de hecho, una recaída en la revolución, pero llevada a cabo tan discretamente que no se vieron las consecuencias y no se sospechó que, en vias de principios, Francia había dejado de ser una monarquía. Con la vuelta de la bandera tricolor en lugar de aquella con la *fleur de lys*, Francia volvía a la tradición revolucionaria y napoleónica. Ella persiguió la difusión de la democracia y la emancipación de las nacionalidades, es decir, el testamento de la revolución, del que Napoleón en Santa Elena se había declarado el ejecutor. Ahora, precisamente contra este principio la Santa Alianza se había levantado.

De hecho, no puede existir sino una sola internacional de derecha, aquella de derecho divino, del principio de la autoridad de lo alto. En virtud de dicho principio no sólo el rey, sino también cada padre y cada superior legal representa a Dios si obedece sus mandamientos. Y no puede haber sino una internacional de izquierda, aquella de la voluntad popular o del principio de autoridad desde abajo, es decir, emanantes de aquellos que deben obedecer. Si ellos no obedecen no puede haber orden en un modesto taller o en la más humilde familia, con mayor razón en el Estado. ¿cómo se puede simultáneamente mandar como principio y obedecer en la práctica? Los *soviet* bolcheviques no debían ser otra cosa: en un regimiento, por ejemplo, el coronel y los oficiales habrían debido mandar solamente siguiendo la voluntad de quién debía obedecerles, es decir, de los delegados de los soldados, reunidos en un consejo o *soviet*. Es el principio mismo de la voluntad de la nación lógicamente aplicado en todos sus grados, en lugar de ser ilógicamente restringido a un solo aspecto. Es el principio opuesto al del derecho divino, en virtud del cual el coronel manda en nombre del rey que, a su vez, manda en nombre de Dios.

La diferencia más esencial entre estos dos principios está en un punto de suprema importancia: es decir, que el gobierno de derecho divino no es arbitrario ni absoluto, sino guiado y limitado por la ética tradicional.

Ni podría ser de otro modo. Basta la lógica para entender que, «el lugarteniente visible de Dios», rey, padre o jefe, no puede, sin minar su autoridad, actuar contrastando las instrucciones precisas fijadas por su capitán invisible, Dios. En cambio, la voluntad llamada nacional, en sentido de mayoría plebeya, inconsecuente e incoherente, no tiene que rendir cuentas a nadie. Ella es legítima, legal y suprema, cualquier cosa que ella haga, cualquiera que sean las tribulaciones que impone, los delitos, las impiedades, las extravagancias y las abominaciones por ella cometidas. Y no es tanto al rey que ella se sustituye, sino más bien a aquel que hace reinar los reyes, a Dios. No nos damos cuenta de ello: que dicha senda queda abierta legalmente, apenas el principio de la voluntad nacional se sustituye al principio del derecho divino.

Por esto, tantas naciones europeas se encuentran hoy sobre dicha senda. De aquí nace su desconcertante repugnancia a combatir el bolchevismo, el que no hace sino precederla derivando, en resumen, del mismo principio ideológico, de aquel de la pretendida voluntad de las masas, identificada con los campesinos y los obreros: «pretendida» voluntad, puesto que dichas masas no tienen ninguna ingerencia en lo que es verdadera voluntad pública.

Es el anónimo, el inaferrable, el invulnerable que se encarga de querer por ellas, aquí y allá. O, por lo menos, se le puede tocar a este anónimo, solamente cuando ha tomado forma de «comisario del pueblo», mientras en otras partes, más prudentemente, ha tenido el cuidado de disimularse. Es su voluntad que ha sustituido la de los reyes e incluso la de Dios.

Pero si ya tantas naciones europeas se encuentran sobre esta senda, las cosas no estaban aún así en 1830. Entonces fue sólo Francia la que, sin dar un portazo y como si nada pasara, abandonó el frente de las naciones destinado a hacer de barricada contra la revolución, para pasar al otro lado de la barricada. Muchos franceses estuvieron muy orgullosos por ello y siguen estándola

¿Por mucho más aún? Es lo que el futuro se encargará de demostrar.

## Capítulo IV

## 1848 Inicio de la Revolución Mundial

Con la Revolución Francesa de 1830, el frente único de la contra revolución fue desfondado. Francia ya debía devenir el foco de las ideas revolucionarias, conduciendo a la Revolución de 1848, en espera del día en el cual ella habría asumido netamente posición como exponente titular de nacionalismos plebeyos y del igualitarísmo político. Las causas que han provocado la Revolución de 1848 fueron tan fútiles, tan irrelevantes, que es mejor no preocuparse en absoluto de ellas y limitarse a decir que dicha revolución estalló porque debía estallar.

¿Qué quería, en el fondo, el pueblo *parisién*? Sería en verdad embarazoso responder de otra manera que con el refrán: «no sabía lo que quería, pero lo que quería lo quería a fondo». Parecía querer la felicidad universal sobre esta tierra. ¿Pero, hay alguien que no la quiera?

La variante especifica de 1848 era, sin embargo, la felicidad de los demás y al mismo tiempo la propia, y este fue el significado del nacionalismo para aquellos que «gemían bajo el yugo extranjero», y luego de la democracia, una vez satisfechas las exigencias del nacionalismo. Las palabras yugo, gemir y extranjero estaban estrechamente asociadas. Del mismo modo felicidad era sinónimo de democracia, de república, de nacionalismo jacobino.

¿Se puede ser tan ingenuo como para suponer por un solo momento que el sentido común popular, tan refractario por naturaleza a toda abstracción, haya extraído esta ideología nebulosa desde su propio seno? El pueblo es el mismo en todo lugar. A veces aparentemente generoso al punto de no entender más nada, otras veces aparentemente feroz sin que se sepa por qué; a veces sensible hasta la ingenuidad aún cuando no hay la menor razón para conmoverse; otras impasible hasta el cinismo, cuando en cambio habría debido reaccionar e incluso rugir para no tener motivos de avergonzarse. **Él es aquello que ciertos elementos quieren que sea.** He aquí porque estos elementos le confieren dignidad de rey, bien sabiendo que su soberanía será sencillamente la de ellos. Este es el verdadero resorte de la propaganda democrática. Y así fue en París en 1848. El pueblo francés, en ese entonces «quería» la república. Pero después él querrá el imperio al interior, y al exterior la guerra en nombre de los nacionalismos. En ello no hizo sino obedecer al plano de la conspiración mundial.

Se decía que Francia no era un país como los demás, que su patriotismo no era suficiente para su gran corazón, que ella debía, por tanto, abrazar la causa de todos los nacionalismos de la tierra, sin siquiera examinar si dichos nacionalismos existieran fuera de la imaginación. Francia tenía este deber para consigo misma, habiendo heredado dicha misión de la Revolución Francesa; y un honor como este compensa todo sacrificio.

La felicidad de los hombres, se decía a continuación, no consiste en la salud, en el bienestar, en la seguridad, imaterialismo indigno para aquellos que en nombre de la evolución declaraban sin embargo ser la progenie de los simios! Ella tampoco consiste en la alegría del corazón y de la mente, sentimentalismo indigno para todo espíritu fuerte. Ella consiste en dos cosas: ante todo, tener diputados elegidos por sufragio universal; luego, el tener diputados y ministros que hablen el mismo idioma, aún no teniendo el mismo origen étnico, ya que pueden ser de sangre semita sin que ello constituya el menor inconveniente. Sólo respecto de esto, el dogma nacionalista tenía la manga ancha y encontraba de pésimo gusto ver en ello algo como una adaptación.

Y he aquí que junto al paso de las revoluciones de 1848, comienza también el gran ascenso político, social y económico del pueblo hebreo. Los hebreos devinieron en toda Europa aquello que ellos ya eran en Francia después de la Revolución Francesa: ciudadanos de las naciones en las que ellos habían instalado sus carpas de beduinos del oro, ciudadanos en todo y por todo iguales a los verdaderos, luego alemanes en Alemania, prusianos en Prusia, austriacos en Austria, húngaros en Hungría, italianos en Italia: esto devinieron poco a poco, en la medida que las revoluciones se sucedían y que las ideas « nuevas » devenían en estatutos para las naciones europeas.

La pretendida emancipación de los pueblos y de los hombres fue el camino de su propia emancipación. Todos los desarrollos anárquicos de las sucesivas democracias fueron, para ellos, otras tantas fuentes de influencia y de poder. Todos los armamentos impuestos por la exasperación de los nacionalismos fueron para ellos instrumentos de ganancias. Los impuestos que arruinaban las naciones y los hombres enriquecían a los hebreos, puesto que eran ellos que los recibían, a través del intermediario de los estados. Los hebreos se infiltraban por todas partes, y el aumento de las contribuciones servía sólo para amortizar deudas que se creaban incesantemente, aumentado automáticamente la riqueza, el poder y la presa de Israel[16] y de la, internacional capitalista, evidentemente a expensas de todo el género humano que, sin sospecharlo, se estaba volviendo su deudor directo o indirecto.

---

[16] En este contexto Israel alude al núcleo racial judío y no al Estado de Israel aún inexistente.

Las guerras y revoluciones que debían multiplicarse a partir de 1848 y que cada vez más representarán calamidades para cada nación, para sus proveedores de oro israelitas serán en cambio las operaciones financieras más esplendidas. Los hebreos no tendrán fundos o bosques, castillos o fábricas, pero poseen las acciones, las comanditas, los créditos que controlan todo ello, y aquellos que ofenderán su mirada de envidiosos, con un despliegue exterior de riqueza, no serán, de un modo u otro, sino sus tributarios. Estos últimos serán, al mismo tiempo, los pararrayos que atraerán sobre sus cabezas y sobre sus propiedades tangibles pero efímeras los rayos de la cólera popular, desviadas, en ese modo, de la dirección justa, del hebreo siempre inaferrable e irresponsable. Y cuando la desproporciónentre la grandeza de las empresas y la miseria de las masas se vuelva sensible y demasiado escandalosa, con apoyo de argumentos científicos se explicará que se trata de una crisis económica general, debida a causas impersonales, no de la simple transferencia de valores líquidos a los bolsillos judaicos y en general de la internacional capitalista.

Dicho proceso ha sido relativamente lento en la primera mitad del siglo XIX; pero, a partir de 1848, todo procederá con pasos gigantescos en esta dirección. Y se asistirá de verdad, entonces, «aunprogreso ininterrumpido». La emancipación juridica y la igualdad civil de los hebreos respecto de los otros ciudadanos de las mismas naciones, luego debían ir en inmediato perjuicio de todos los otros ciudadanos. Acontecerá algo parecido a aquel cuento de *Las Mil y Una Noches*, donde se habla de un imprudente que, atolondradamente, había abierto una botella en la que estaba encerrado un genio maléfico. Liberado de esta compresión, el genio se dilató en tal proporción, que terminó por abrazar el mundo entero y dominar la existencia de todos los hombres. En la segunda mitad del siglo XIX todas las funciones, las profesiones, las carreras y esferas de acción, con excepción de cargos honoríficos sin importancia social, se entreabrieron a los hebreos que allí se precipitaron en masa. Ellos hicieron a la grey[17] no semita una terrible competencia, quitándole todo puesto mejor.

Solamente Rusia había quedado cerrada frente a Israel. He ahí el por qué del escándalo de la Rusia «oscurantista», que será el tema favorito de la lectura y el pensamiento europeo de confección judaica.

Hoy naturalmente, no se habla ya al respecto, como se habló entre 1848 y 1914: circunstancia que, por ella sola, podría hacernos reflexionar y enseñarnos acerca de la terminología moderna, en virtud de la cual un estado es liberal, tolerante e iluminado cuando honra al hebreo, aunque oprima este Estado a todos los otros ciudadanos y aunque tenga, a la cabeza, a un felón reconocido. Pero él es en cambio, despótico, opresor y retrógrado, y es materia de escándalo, apenas trate de defenderse contra el hebreo, aún cuando los demás ciudadanos no tengan el menor motivo para quejarse. Israel no perdonará a Rusia y apenas alcanzados sus objetivos en el Occidente y el centro debía dirigir sus esfuerzos contra el enemigo aún en pie.

Si el año 1848 representó el equinoccio del hebreo, él fue seguido por innumerables temporales, con correspondientes cambios de temperatura; pero las relaciones europeas no deberían orientarse según el nuevo orden de cosas sino alrededor de veinte años después.

Prescindiendo de Francia, donde la monarquía de los Orleáns había sido la víctima, el primer tentativo de la revolución pan-europea de la historia, de buenas a primera, pareció fracasar; y todo pareció volver al orden antiguo. Pero el plan general había sido bien preparado: ningúnestado

---

[17] Agrupación de personas que tienen en común ciertas características o ciertas afinidades.

conservador debía intervenir en la revolución de su vecino, que era dejado solo para lidiar con ella. Sólo Rusia tenía las manos libres. Pero sus ojos estaban ávidamente fijos sobre Constantinopla, donde el «enfermo» empeoraba continuamente y el zar concentraba todos sus esfuerzos diplomáticos para adjudicarse la sucesión y devenir, de este modo, en el ejecutor del testamento de Pedro el Grande. En esos lados montaba guardia Inglaterra. Si bien la situación era tensa, ambas partes no querían la guerra.

Sobre dicha tensión contaban los partidos de la subversión mundial, esperando que ella neutralizara las posibilidadesde intervenciónde NicolásI en las revolucionesde los países centro-europeos. Por lo demás, por su lado, el zar no había optado por intervenir en dichos países, ni siquiera en Prusia, cuyo soberano, su cuñado, se encontraba, sin embargo, en una situación difícil: ni hablar de las otras naciones que, como Italia, estaban demasiado lejos. Nicolás I no tenía el genio de un Metternich, ni tampoco la visión sintética de la concatenación de causa y efecto en la historia. Más bien soldado que estadista, y autoritario hasta el punto de no escuchar consejo alguno, él veía sólo las cosas cercanas, y estaba mil millas lejos de pensar que el incendio que ganaba terreno en Europa podía transmitirse a su imperio. Él creía en la naturaleza de bronce de su imperio y no podía admitir, ni siquiera como hipótesis, que los liberales hebraizados de Occidente, por él tan profundamente despreciados, había comenzado a cavar la tumba de sus descendientes: él, delante de quién todos temblaban, desde el Mar Blanco al Mar Negro y desde los Cárpatos al Pacífico. Y él se comportó como se príncipe Schwarzenberg,[18] nuevo canciller del imperio, menos

---

[18] El príncipe Félix de Schwarzenberg fue un aristócrata, militar y estadista austriaco. Participó de las guerras napoleónicas, fue diplomático en varias embajadas austriacas y gobernador de Milán. Luego de la caída de Yletternich a raíz de la Revolución de 1848 y la abdicación del emperador Fernando I de Austria-Lorena a favor de su

inspirado que su genial predecesor, enfiló la peligrosa senda de los compromisos y las concesiones. Dicho modo de actuar nunca puede satisfacer a un enemigo insaciable por definición; sólo puede hacerle comprender que se le teme al punto de volverlo aún más exigente y arrogante. Ahora, quien no conoce la arrogancia democrática, quien no ha escuchado el griterío de los energúmenos descamisados, que pretender personificar al pueblo mudo e indiferente, no saben aún lo que es la impertinencia. El régimen de las medidas a medias duró varios años. Al final se llegó a una constitución parlamentaria. El sistema austriaco estaba resbalando sobre un plano inclinado. Los hebreos recibían todos los derechos civiles. Todos los caminos, con excepción de los portones de la Corte Imperial, estaban abiertos para ellos. El partido de la Revolución Francesa, que es necesario no confundir con Francia como nación y país, festejaba, luego, esta nueva victoria y la festejaba precisamente en Viena, en esta *Kaiserstadt* que era considerada el sagrario del feudalismo y que había sido la cuna de la Santa Alianza. Sin embargo, en Austria, a pesar de los cambios políticos, la estructura económica y social aún estaba impregnada del espíritu feudal. Los señores eran económicamente independientes del capitalismo y conservaban, frente a las masas, un prestigio infinitamente más grande que el de los burócratas y diputados. Por otro lado, a ambos lados del Leitha, los jefes de las grandes familias de pura sangre eran miembros de la Cámara Alta, llamada de los Señores. Y las cosas debían seguir así hasta la Primera Guerra Mundial, con gran escándalo de los «espíritus generosos e iluminados».

Austria y Hungría, como Prusia y el resto de Alemania, debían demostrarse más refractarias a la democracia de lo que

---

sobrino Francisco José I de Austria, se hizo cargo del gobierno hasta 1852, desempeñándose como canciller de éste.

fue Francia y de aquello que Rusia sería. Ningún Luis XIV y ningún Richelieu, así como ningún Iván el Terrible y ningún Pedro el Grande habrían desechado preliminarmente el sistema de la feudalidad patriarcal o domesticado la nobleza terrateniente. Esta última, casi en todos lados, había sido atraída por las Cortes y había perdido contacto con las tierras donde ella había reinado y donde ella había sido sustituida, en Francia y en Rusia en mucho mayor medida que en Austria y en Alemania, por funcionarios pagados, sin raíces en los lugares y listos para servir a la mejor oferta.

La victoria celebrada en Viena por la subversión aunque brillante, no había sido sino parcial. Decidido a proceder en orden, según su costumbre, el frente secreto, por el momento, se mostró contento y dejó hacer el resto a su aliado: el tiempo.

La dificultad habría sido infinitamente menor si, en aquella época, regímenes republicanos y parlamentarios hubieren estado ya en auge en Europa. Habría sido suficiente entonces, fabricar con la prensa y la propaganda, la opinión pública deseada e inculcarla a ese «pueblo soberano» del cual se podría servir para demoler otro estado. Luego serían designados en los sillones ministeriales demagogos debidamente devotos a la causa. Éstos, con ayuda de la finanza, habrían alimentado ciertas disposiciones colectivas, que se creen elementales y espontáneas. Es de este modo que el capitalismo internacional se dispone hoy a provocar todas las guerras que desea e impedir aquellas que él no quiere. Para que dicho procedimiento sea factible se necesitan, sin embargo, dos cosas: ante todo, la pretendida libertad absoluta de la prensa, que ninguna autoridad tiene el derecho de amordazar, incluso cuando la salvación de la nación lo exige; y luego el régimen republicanodemocrático, enel que los hombres efímeros en el poder, no teniendo sino una relación accidental con sus cargos ministeriales y funciones que comienzan y terminan con sus billeteras, pueden decir: *después de mí, el diluvio*,[19] siempre que pueda salvar en el Arca de Noé bastante dinero para mi y mi familia. En cambio, dicho punto de vista es más que excepcional en un monarca, sobre todo si es absoluto, por la simple razón que el estado constituye su fortuna personal, su potencia, su riqueza, su gloria y la herencia para su posteridad. Es ya muy raro en el aristócrata propietario del antiguo sistema económico, cuyas tradiciones no son nómades, como el Arca de la Alianza del Antiguo Testamento: su fortuna forma parte de la realidad del territorio nacional, ella no es movible y no se apoya sobre el crédito, es decir sobre deudas que lo sometan a los acreedores. En cambio, es lógico y natural un semejante punto de vista, en el oscuro «político» privado de ligámenes con el suelo y con la historia, salido de no se sabe dónde, para desaparecer con los bolsillos bien repletos después de haber cumplido la tarea a la que fue propuesto por no se sabe quién. Para que un aristócrata, y con mayor razón un monarca, sea deshonesto respecto de su país, es necesario que lo sea hasta el desinterés y la estupidez, cosa muy rara. Pero, con el fin que un *tartempion*,[20] llevado al poder por una confabulación anónima que lo ha recogido del potrero, si no de los estercoleros sea honesto, es necesario que lo sea hasta el desinterés y el sacrificio heroico. Esto es muy poco frecuente, porque los *cincinnatos*[21] constituyen la excepción y, aún cuando existan, no son precisamente ellos que son llevados al poder y que se benefician con los créditos.

---

[19] Paráfrasis de Luis XV, rey de Francia, frente a las quejas de sus ministros.

[20] Vocablo francés, tomado a partir de un personaje satírico llamado Tartempion y usado para referirse a alguien sin importancia; un tipo cualquiera, un fulano.

[21] En referencia a Lucio Quincio Cincinato, patricio, cónsul y general, que devolvió al senado los amplios poderes concedidos una vez terminada la guerra y volvió a su ,ida de agricultor. Es el paradigma del altruismo patriota en política, con absoluto desprecio del poder. Destaca el carácter de la Roma republicana con su modelo de rectitud, austeridad, honradez e integridad.

He aquí porque los regímenes políticos donde gente de este tipo está en el poder, son tan exaltados por los « hombres del progreso », siendo este pretendido progreso su rastrillo y la palanca de su poder, en perjuicio de las masas ciegas. Pero, antes de 1848 esta Edad de Oro de la democracia aún no se había asomado.

# CAPÍTULO V

## NAPOLEÓN III ALIADO DE LA SUBVERSIÓN MUNDIAL

En el período del que hablamos, la subversión tuvo la fortuna inaudita de encontrar un potente aliado, que debería usar el derecho de intervención en los asuntos internos de otros países en el sentido opuesto al de Metternich, es decir, en nombre de un nuevo principio de solidaridad internacional: el de los Estados democráticamente nacionalistas que se ayudan mutuamente para sacudirse el yugo de las pretendidas tiranías tradicionales. Este aliado, este paladín desinteresado de la solidaridad democrática sobre la base de los «inmortales principios», fue la Revolución de 1848 en Francia, que lo produjo, en la persona de Napoleón III. Antes de pasar a nuevas tareas, era prudente, para el frente oculto, prevenir la posibilidad de un revés. Antes de 1848, éste había imprudentemente descuidado el punto interrogativo constituido por el zar de todas las Rusias. Este monarca, poco iluminado por la antorcha que el masón Weishaupt había transmitido a Nubius y que Nubius debía después transmitir a Lenin, había llegado al punto de estropear el juego y de desbaratar con un puntapié de su bota la salsa que el frente secreto preparaba para envenenar todo aquello que lo obstaculizaba.²²

Como se ha dicho, este autócrata se había, sin embargo, limitado a intervenir sólo en Hungría. El mal, luego, había podido ser reparado; pero la lección no fue olvidada por los protagonistasde la «libertad» en marcha. Antes de intentar cosa alguna, mediante una intervención francesa, era necesario eliminar el peligro que una intervención rusa fuera a reforzar las fuerzas defensivas de Austria. En otros términos, era necesario propinar un golpe al emperador de Rusia en forma aislada, para inmovilizarlo y ponerlo momentáneamente fuera de combate. La simultaneidad debería existir sólo por parte de la revolución y encontrar, en el frente adverso, la división, según los dictámenes de toda buena estrategia política.

No seguiremos las peripecias de la revolución *parisién* de 1848. Bastará recordar lo que de allí salió al exterior, después de muchas declaraciones incoherentes: en primer lugar, un presidente de la república, en la persona del Príncipe Luis Napoleón Bonaparte; luego, por vía plebiscitaria, esta misma persona devino en emperador, evidentemente de los franceses y no de Francia; y por voluntad de la nación, no por gracia de Dios. La ambición de Napoleón III era completar la obra de su tío; pero, para completar una obra, primero hay que entenderla. Ahora, comprender significa «igualar». Esto quiere decir que,

---

²² Nota del traductor italiano: ‚Iean Adam Weishaupt, nacido en Ba‚iera en 1748 fue el fundador del así llamado *Orden de los Illuminati*, asociación secreta de especial importancia para el historiador, habiendo ella realizado en modo característico la transformación, en sentido político, revolucionario y subvertidor, de organizaciones poseedoras, anteriormente, de un carácter prevalentemente iniciático. Kubius es el seudónimo de un personaje misterioso, que ejerció una notable influencia en el mnndo de las sociedades secretas al comienzo del siglo XIX, teniendo una especial relación con las sectas carbonarías italianas. Es posible, por lo demás, que el mismo apellido Weishaupt, que significa, « jefe blanco » sea un seudónimo.

para completar la obra de Napoleón el Grande, era necesario ser Napoleón el Grande y no Napoleón el Pequeño.

El memorial de Santa Elena fue la obra, no de Napoleón en sí mismo, sino más bien de su desilusión, terrible y fácil de imaginar en aquel que se había visto dejado de lado por los prmc1pes y grandes de este mundo, después de haberlos tenido a todos a sus pies. Traicionado y abandonado por su misma esposa, hija de emperador, su espíritu se había vuelto en forma del todo natural, a sus orígenes, a su evangelio del rencor, que la Revolución Francesa había predicado. Pero no había sido así el día en que, posándose sobre la frente la corona imperial, Napoleón había pronunciado las palabras históricas: *¡Dios me la ha dado, hay de quién la toque!* ¿Por qué no había dicho, en cambio: *El pueblo me la da, y la tengo a su disposición para el día en el que le dé la gana que se la devuelva?* ¿Por qué la presencia del Sumo Pontífice en la ceremonia de la Consagración? La voluntad del pueblo la necesitaba. En todo ello flotaba la sensación de la tradición de Carlomagno y de los demás emperadores del Sacro Imperio Romano, pero con más orgullo: mientras ellos habían ido a Roma, Napoleón quiso que Roma viniese a él. De todas maneras, esta no era la tradición de Robespierre.

Si no hubiese caído, Napoleón habría dejado tras de sí un nuevo tablero de ajedrez en los feudos de la corona, en el que los hijos de sus mariscales habrían tenido por vecinos los antiguos señores. ¿A dónde había ido a parar el principio de las nacionalidades individuales? ¿Había que buscarlo en Francia, que irrumpía más allá de sus confines étnicos, en la Confederación del Rhin, en el reino de Westfalia, en el de Nápoles o en el Gran Ducado de Varsovia? La verdad es que Napoleón se había apurado en arrojar al desván de los trastos viejos su ropaje republicano para vestir el manto constelado de abejas. Solamente cuando fue obligado a separarse violentamente de este último, sobre la roca de Santa Elena, solo y abandonado, lleno de amargura y de hiel, habló a la posteridad como hijo sumiso de la revolución. Hasta aquel momento, no eran «las grandes conquistas del espíritu humano», según la exégesis iluminista y revolucionaria, que el gran conquistador había buscado.

Él había tratado de posar como heredero de Carlomagno, no de la Revolución Francesa. Si él brindó servicios indiscutibles a la causa revolucionaria en Europa, ello sucedió automáticamente y casi sin quererlo, por el hecho que sus oficiales y sus soldados, casi todos antiguos revolucionarios, llevaban el polvo de la revolución en sus botas, y lo dejaban un poco en todas las capitales. Además, los fieles súbditos de los emperadores y reyes veían humillados a sus señores y principes por el gran *parvenu*[23] y su séquito de *parvenus*, con el resultado inevitable de un debilitamiento del prestigio de esos regímenes aristocráticos.

Además, no era por cierto un sueño revolucionario, democrático y nacionalista el que el nuevo César abrigaba para su hijo, al que, mientras tanto, había dado el título medieval, y, en cierto modo, imperialmente internacional, de Rey de Roma. El Rey de Roma supone un emperador romano, un emperador romano-francés, si se quiere, como antes había sido alemán, pero emperador a pesar de todo, del cual el Papa habría sido el limosnero, los reyes los grandes vasallos y los príncipes los vasallos de estos vasallos. Un sistema feudal, en resumidas cuentas, con el vértice de la pirámide que había faltado a la plenitud del Medioevo.

Una concepción histórica así tan grandiosa estaba demasiado por sobre el intelecto limitado de un Napoleón III. En el fondo, él no fue sino un pequeño conspirador, al servicio de la conspiración anónima que lo había llevado al poder.

---

[23] Vocablo que tiene su origen en el francés parvenir, y denota la condición de alguien advenedizo, aquel que es un aparecido en una clase social más elevada.

Incapaz de recoger el pensamiento napoleónico en los actos del Primer Imperio, él debía limitarse a interpretar al pie de la letra, el manuscrito que el resentimiento y el desengaño habían dictado al exiliado de Santa Elena.

Los partidos de la subversión se encargaron de interpretarlo por él. Ellos ya habían secuestrado para su propio provecho tanto el gran nombre de Napoleón, desde el primer día después de 1815 como la gran sed de revancha de los franceses; sed, que sin embargo, no tenía una seria razón de ser, ya que el territorio histórico de Francia no fue mutilado. Solamente la revolución fue la derrotada en 1815 y la perdedora en el Congreso de Viena. Pero los partidos subversivos pusieron en marcha todo su sutil manejo para abrochar la idea revolucionaria a la francesa, con el fin que a los espíritus mediocres les fuera imposible orientarse.

Uno de estos espíritus mediocres fue precisamente quien llevaba el nombre de Napoleón y el apellido Bonaparte. El frente oculto lo utilizó muy inteligentemente, haciendo de él un emperador singular, único en su género en toda la historia: su misión será la de combatir los reyes y los emperadores, sus nuevos hermanos, de debilitar el prestigio de la monarquía en Europa, de desintegrar los imperios y hacer triunfar en todas partes la revolución, con todo lo que ella implica o trae como consecuencia. Y él, **por principio**, con celo propio de un fanático, incluso haciendo de dicha lucha el objeto de su reinado, luchó contra el **principio propio** de aquellos privilegios, en virtud de los cuales él reinaba y deseaba transmitir el trono a su posteridad. Es una paradoja sobre la que aún no se ha meditado bastante; de otro modo, no habría sido posible no percibir algo insólito. Algunos escritores, precisamente por haber reflexionado sobre ello, han llegado a la conclusión que Napoleón III fue sencillamente un agente de ciertos ambientes ocultos que entonces dominaban la sociedad. Estos lo habrían elevado al trono y allí lo habrían mantenidopormedio de hilosinvisiblesque no conocemos, pero que habrían constituido una servidumbre de la que él nunca pudo liberarse. Es un paso muy adelantado; pero, si este juicio es arriesgado, hay que reconocer que él es muy comprensible.[24] Es en verdadmuy difícil concebir la mentalidadde un Emperadorque trabajaentusiasmadamentepor la democracia mundial, es decir, por todo aquello que más contrario puede ser a su razón de ser, y que trabaja casi por amor al arte, mientras dicha política iba en contra de los intereses de su dinastía y su país. Napoleón I, desde lo alto de su cátedra en el medio del Atlántico, se había proclamado «mesías de la revolución». Napoleón III será el peón, el instrumento con el cual se abaten los muros. Él debía su corona a la revolución y ella se la quitará, después de haberle hecho interpretar su papel. Este papel, por el cual él había sido sacado de la nada, lo ejecutará como veremos, debidamente, estando su oído siempre preparado para escuchar las sugerencias.

El primer muro para abatir estaba representado por Nicolás I, el exponente aún intacto de la reacción, el único hombre que habría podido intervenir victoriosamente, y cuya eventual intervención, siempre posible, constituía, para el frente de la subversión, la Espada de Damocles. Pero Napoleón, por sí solo, ¿habría tenido la fuerza de abatir este formidable atleta, en ese entonces, en el ápice de su poder?

En el año 1853 el aliado necesario para eliminar el peligro que la democracia podía correr y aplanar para ella el camino, llegó como caído del cielo.

Inglaterra, en general, se mantenía aparte de los asuntos del continente europeo, donde un solo problema le interesaba,

---

[24] Nota de la edición en italiano: De hecho, en su juventnd, aquél que debería ser Napoleón III formó parte de la Masonería y parece que sus relaciones con la secta nunca se interrumpieron totalmente.

el del imperio otomano de Constantinopla y de los estrechos. Sobre este terreno, su potencial rival era Rusia.

Inglaterra no había tenido revoluciones permanentes propiamente dichas, como las naciones occidentales, pero, en cambio, en ella se había desarrollado una larga fase evolutiva, tan imperceptible exteriormente como profunda interiormente. Sus instituciones parecían inmutables. Estaba siempre la Corona, cuyo prestigio incluso crecía, el Consejo Privado, la Cámara de los Lores y la de los Comunes; pero su contenido ya no era el mismo. Todo estaba alterado en sentido democrático, siempre dejando la fachada intacta. Recordemos también que en Inglaterra pululaban las logias masónicas. Bien es cierto que su nivel mental, intelectual y moral, además de mundano y social, era muy superior a la de las logias del continente. Sin embargo, no se debe perder de vista el hecho que las logias, a menudo, son ambientes respetables en sí mismos, pero particularmente aptos a sufrir pasivamente sugestiones progresivas de las que se saturan las células destinadas a dicho fin, cuya presencia y papel se mantienen en el desconocimiento de la mayor parte de los participantes, incluyendo losjefes honorarios que adornan la fachada y atraen las adhesiones.

En la época que ahora nos interesa, un ministerio liberal-radical estaba en el poder en Inglaterra; más bien dicho, era el ala radical de este partido la que ejercía el control en la alta esfera. Su jefe, Lord Palmerston, era el primer ministro, es decir el verdadero dirigente de la política del Reino Unido. Era, resumiendo, el mismo partido presidido ayer por Lloyd George, él mismo radical; es decir más ultra que liberal; pero entonces él englobaba el conjunto de los liberales propiamente dichos y de los radicales. Puesto que la alfombra voladora de la historia, desde Palmerston en adelante, ha recorrido un buen trecho, éste, sobre todo a la distancia que ya nos separa de él, nos parece menos subversivo que Lloyd George.

Palmerston y su ambiente radical simpatizaban naturalmente con el movimiento revolucionario europeo de 1848, mientras que la política de un Metternich o la actitud de un Nicolás I y, en general, el espíritu moscovita de esa época, les resultaba profundamente antipático. La antipatía por el zarismo fue, al principio, platónica; pero ello sólo hasta el momento en que tuvo lugar un pretexto relacionado con el interés de Inglaterra. Este pretexto, en símismo bastante insignificante, no habría sido suficiente para un gobierno conservador, el cual habría encontrado fácilmente una base para llegar a un acuerdo sin sacrificar nada respecto del interés de su país. Pero, en cambio, él le bastó a Lord Palmerston para tomar la ofensiva contra el imperio ruso, puesto que en él la voz de la sangre había hablado. Y él encontró un socio imprevisto en Napoleón III; imprevisto por la simple razónque los problemasturcos podían, tal vez, estrictamente, proporcionar a Inglaterra un pretexto para la agresión, pero nunca jamás a Francia.

No, no existía una materia para un conflicto serio entre Francia y Rusia, pero había una, e importante, para un conflicto entre la autocracia rusa y la revolución.

¿Hacía falta pedir algo más?

# Capítulo VI

## Las primeras guerras queridas por el frente oculto.

## La guerra de Crimea

La guerra de 1853, llamada de Crimea, marca una gran fecha en la historia, por dos razones. Ante todo, porque fue la liquidación definitiva del pacto de la Santa Alianza y el término, para los firmantes de él, del período de paz internacional que había sido su resultado feliz y benéfico. En segundo lugar, porque ella fue no sólo la liquidación del principio base de esta Santa Alianza, sino que además su negación y substitución, mediante el principio diametralmente opuesto, con una inversión de todos los valores. Fue un acontecimiento y un síntoma inédito, hasta entonces, en la historia: una guerra por la democracia y, en el fondo, nada más que esto; donde dos monarquías aparecían por primera vez en la escena de la historia, en calidad de exponentes mercenarios de la revolución general dilatada más allá de los cuadros aparentemente nacionales de la revolución.

En rigor, las guerras de la Revolución Francesa no habían sido democráticas. Habían sido guerras defensivas de Francia en revolución. Las guerras napoleónicas habían sido provocadas por la ambición devoradora de un gran conquistador sediento de gloria y de poder. En cambio, la Guerra de 1853 (o de Crimea), fue la primera guerra francamente y verdaderamente democrática de la historia. Y tampoco, como lo sabemos incluso demasiado bien, ella ha sido la última.

Por primera vez, en ella, los hijos de una misma familia se han matado entre sí, no por sus patrias, o por sus príncipes, o por un sentimiento a ellos congénito, sino porque desde ambas partes, la escoria preparada y sublevada por el fermento hebraico y masónico, pudiese pasar sobre sus cuerpos.

Sólo aquello que sardónicamente es llamado «libertad» ha podido lograr que una ironía tan feroz, implicante tanta ceguera, fuera en general posible.

Antes los hombres se sacrificaban por lo que ellos amaban. Devenidos «libres», he aquí que están obligados a hacerse matar, si fuese necesario, por el diablo en persona o por los intereses del capitalismo hebraico, lo que es más o menos la misma cosa; ello, so pena de ser calificados de traidores de la patria, además de ser también fusilados, como si la patria, la masonería, la democracia y el hebreo fueran una sola cosa.

Las figuras más representativas de la democracia y del así llamado «libre pensamiento» no se han engañado acerca del verdadero significado de la Guerra de 1853. No han visto en ella un conflicto similar a lo largo de la historia, ocasionada por un problema turco cualquiera, sino el choque de dos mundos, un duelo entre dos dogmas fundamentales, «aquel del cristianismo bárbaro de Oriente contra la joven fe social del Occidente civilizado», según las textuales palabras de Michelet. Apresurémonos a señalar, que, para dicha mentalidad, el cristianismo era bárbaro en Nápoles, en Mónaco e incluso en la Basílica de San Pedro. Las logias, las bolsas y los bancos eran los templos futuros del Occidente «civilizado», Nicolás I era «un tirano», «un vampiro» y también Metternich lo había sido. Existe cierta gente a la que no se tiene el derecho de molestar sin ser llamado vampiro, y existe otra que está libre para masacrar en masa, en nombre de la «libertad», sin por ello dejar de ser «noble y generosa».

Según el mismo Michelet «fue una guerra religiosa». ¡Cuán verdadera es esta expresión!, que «pedía la muerte de cientos de miles de hombres». Era luego necesario que buenos súbditos, puesto que la mayoría de ellos no eran ni libres pensadores, ni financieros ni hebreos, se hicieran matar para destruir la civilización y preparar el camino en Oriente al bolchevismo y, en Occidente, a la ubiquidad capitalista.

La Guerra de Crimea, obra del capitalismo, de la democracia y de su producto artificial, que es el nacionalismo subversivo y anti-tradicional de los tiempos modernos, ha inaugurado este método nuevo, que debía celebrar su triunfo con la Primera Guerra Mundial.

Rusia no estaba preparada para dicha guerra ¿Cómo habría podido estarlo? el zar y sus ministros eran hombres del antiguo régimen que comprendían la política sobre la base de las precedentes lecciones de la historia, no visionarios apocalípticos del futuro del tipo de Michelet. Cosas, a las cuales hemos terminado por acostumbrarnos, como las guerras «desinteresadas» de las naciones por la democracia, eran ininteligibles para estos fieles de «cristianismo bárbaro». Ellos veían que en 1853 no había motivo suficiente para perturbar la vida de los pueblos, y los otros motivos, ajenos a las razones normales de los conflictos armados, eran una novedad inédita que escapaba totalmente a su sagacidad.

En Rusia nadie preveía que el choque habría de tener lugar en Crimea. Habría sido necesario transportar las tropas a través de toda la Rusia europea, operación lenta y llena de dificultades en la época en que ese país poseía un mínimo de ferrocarriles y en el que todas las rutas eran insuficientes y malas. En breve, los ejércitos moscovitas, que después de los sucesos de 1813 gozaban de la mejor reputación, fueron derrotados y el zar ni siquiera pudo alcanzar el teatro de las operaciones. Se enfermó por el camino y murió. Según la versión oficial, debido a una influenza; según la opinión general, este hombre orgulloso y monolítico en sus sentimientos, no había podido sobrevivir a la humillación frente a la democracia y se había envenenado. Otros afirman que él fue envenenado. Con él desaparecía una encamación viviente del zarismo y todo aquello a lo cual la democracia le tiene santo horror. Pero, a pesar de todo, fue el ídolo de su pueblo, que le admiraba, reconociendo en él un verdadero zar y un señor. Adorado por sus soldados, él era generoso con los fieles; pero, con la revuelta, que él reconocía según el verdadero significado que ella tenía en el siglo XIX, era implacable. Cuando ella rumoreó, una vez, hasta debajo de las ventanas del Palacio de Invierno, Nicolás I salió al balcón y gritó: *ide rodillas*! Y el pueblo se arrodilló; tanta autoridad tenía su voz y su figura.

Su sucesor, Alejandro II, profesaría un vago y titubeante liberalismo, y lograría, en la medida en que un autócrata puede serlo, ser grato a la democracia, que tolera sólo los monarcas débiles e indecisos. Fue así como durante su reinado la descomposición del imperio comenzó, y ella ya no se detendría. Los demás obstáculos habían ya sido abatidos y el gran esfuerzo de la subversión debía concentrarse precisamente sobre Rusia.

El Congreso de París fue la apoteosis de Napoleón III para los incautos; el representó la revancha sobre el Congreso de Viena y sobre Waterloo. Pero nos encontraríamos singularmente desconcertados si nos preguntáramos el por qué, a menos que toda esta apoteosis y esta revancha no se limitaran al hecho que el Congreso tuvo lugar en París.

Esta fue la ganancia para Francia, apenas mayor que la de Inglaterra. El resto fue para la democracia. Ésta celebraba en verdad su triunfo, porque sí Nicolás I nunca había sido un peligro para Francia, lo había sido, y muy seriamente, para la revolución.

## Capítulo VII

## Abatida Rusia, la revolución concentra sus esfuerzos sobre Austria

Abatida momentáneamente Rusia, todos los esfuerzos se concentraron sobre Austria. Acerca de esta última la revolución nunca estuvo equivocada, teniendo el odio, al igual que el amor, un seguro instinto: sabe aquello que le es intrínsecamente opuesto.

Austria era todo aquello que ella menos podía soportar; representaba por excelencia la tradición, el Antiguo Régimen,[25] la concepción personal de la propiedad, opuesta a aquella social del capitalismo, el vestigio del Sacro Imperio, el ideal de una sociedad jerarquizada bajo un mismo cetro, todo aquello que ya se consideraba como barbarie. En una palabra, ella se encontraba en las antípodas de las ideas de la revolución: capitalismo, democracia, nacionalismo demagógico, formaban una tríada diametralmente opuesta a la concepción tradicional y medieval, aún encarnada, en alguna medída, por Austria.

---

[25] Término que proviene del francés *Ancien Régime* y que hace referencia a los regímenes monárquicos de Europa anteriores a la Revolución Francesa.

En la primera mitad del siglo XIX, Austria era un país del Antiguo Régimen. Ello no significaba que solamente era una monarquía política; respecto de ella, estrictamente hablando, el capitalismo también podría haber sido instaurado, sólo le habría sido necesario transformar este país en una monarquía bancaria y bolsista; sin embargo, Austria era también - bajo el cetro de un monarca gran propietario, no endeudado, y por tanto independiente - una federación de monarquías económicas suficientes así mismas, por lo menos en el sentido de poder complementarse mutuamente entre ellas respecto de aquello considerado indispensable para la existencia humana.

El negocio, el crédito, la usura, casi exclusivamente concentrados en las grandes ciudades, tenían naturalmente su parte, pero constituían lo accesorio, mientras lo esencial era la producción, el consumo y el trueque, tanto respecto de los individuos como del entero estado.

Los monarcas económico serán los señores terratenientes, amenudo industrialesy simultáneamente agrarios, que producían la mayor parte de los artículos necesarios de consumo, con la ayuda del trabajo de sus campesinos. No existían ni lamentos, ni miseria, ni huelgas, ante todo porque este patronato era patriarcal, personal de padre a hijo, responsable y visible, y luego, porque no existían acreedores a plazo fijo que lo tuvieran con el agua al cuello. Éste, además, estaba en grado de pagar contribuciones fiscales, y el estado, en ese entonces, tenía exigencias relativamente modestas, no estando endeudado como los estados contemporáneos. Esto no quiere decir que el hebreo no tuviese su parte, sólo que no era la parte del león, como aquella que conviene al *León de Judá*.

Ya sea políticamente, económicamente y socialmente, Austria « daba la pauta » a toda la confederación germánica, compuesta por estados, bajo dicho aspecto, más o menos similares. Eran federaciones de grandes propietarios territoriales e industriales, puestas bajo la presidencia patriarcal de príncipes, grandes duques y reyes, ellos mismos, propietarios y productores. Estos últimos percibían impuestos justos, no para enriquecer a los usureros, sino para mantener escuelas y universidades famosas, además de la policía, la justicia, las vías de comunicación y pequeños ejércitos.

Si Austria, aunque amputada de las provincias necesarias para la unidad italiana, hubiera tomado la supremacía sobre Alemania, se habría llegado a formar un bloque reaccionario y anticapitalista sobre la base de la propiedad feudal, o mejor dicho, sobre la propiedad feudal modernizada

Este bloque habría separado Rusia y la Península de los Balcanes de las democracias occidentales y habría estado en grado probablemente de prevenir cada infiltración perjudicial a las ideas surgidas de la Revolución Francesa. Además, del elemento católico que allí predominaba.

Era, por tanto, necesario destruir Austria.

No debemos olvidar que en la primera mitad del siglo XIX Austria era, mucho más que a comienzos del siglo XX, un mosaico de razas e idiomas diferentes. Ella reinaba, sin constituciones ni autonomías, no sólo sobre la Bohemia, sobre una gran parte de Polonia, sobre Hungría y Croacia, sobre tres territorios eslavos de idiomas diferentes y sobre uno magiar, sino que también sobre Italia septentrional: Venecia, Lombardia y Toscana. La táctica fue poner en vigencia especial el problema, hasta entonces inexistente, de los anhelos nacionalistas, haciendo una estrecha correlación entre la idea nacional y la idea democrático-liberal, anti- tradicional y anti-jerárquica.

El terreno elegido para la primera fase del ataque fue Italia y las cosas se desarrollaron de la siguiente manera:

En Italia coexistían dos tradiciones y dos herencias. Una, la más antigua y verdadera era aquella romana, católica y aristocrática: era la Italia de un Dante, guibelina y feudal, aquella de príncipes que, italianísimos, partiendo por los Sabaya y los Monferrato, no habían titubeado en levantarse en armas para defender el derecho del emperador y la nobleza, en el momento de la insurrección de los Comunes. La segunda tradición era precisamente aquella comunal y democrática, fuerte sobre todo en el norte de Italia, la que, por esto mismo, aparecía como el punto más vulnerable del imperio de los Habsburgo. El lado que, con pleno derecho, se puede llamar sospechoso en el *Risorgimento* italiano y que denuncia el juego secreto de las fuerzas de la subversión mundial reside en el hecho que se procedió a relacionar la idea de la unidad de Italia exclusivamente a la segunda de estas tradiciones, y con ello a las ideas nuevas difundidas por Napoleón y la Revolución Francesa, devenidas en instrumento de trabajo en las logias masónicas y carbonarias, poniendo en acción todos los medios para hacer olvidar a los italianos la primera tradición, o sea, todo aquello que de romano, de imperial y de aristocrático ellos tenían para enorgullecerse. En lo que, la apuesta era doble, se pretendía abrir una brecha en el flanco del imperio que se quería desintegrar y se quería hacer de Italia una presa entre las más deseables en el plano general de la subversión.

Napoleón III aceleró los acontecimientos al declarar la guerra al Emperador de Austria sin motivo o provocación, sin la sombra de una razón cualquiera, que al menos se relacionase con los intereses o el futuro de su país; del mismo modo que él había declarado la guerra al Emperador de Rusia, únicamente para completar la obra revolucionaria de 1848.

La verdadera razón anónima de ello era la siguiente: la unidad católica en la diversidad nacional y étnica del patrimonio de los Habsburgo era un póstumo remanente del Sacro Imperio, una forma reducida y un modelo de aquello que la Santa Alianza hubiera querido pero no logró ser. ¿El ejecutor de las altas obras de la revolución no debía por lo menos contribuir a la desintegración de este vestigio odioso, de arquitectura medieval, ofensor de las miradas de la época del progreso?

Esta fue, luego, la segunda guerra democrática, disfrazada bajo el ropaje de guerra nacionalista. El objetivo verdadero no fue salir al encuentro de un patriotismo italiano bien intencionado y privado de compromisos con las fuerzas subterráneas de la revolución y de la masonería, sino más bien debilitar el poder y el prestigio de Austria, en el seno de la Confederación Germánica, donde la Prusia protestante debía asumir ya la parte predominante.[26]

Otra idea debía resultar perjudicada, en provecho del «progreso democrático»: aquella conservadora, feudal y tradicional. El Rey de Italia será un nuevo soberano «por voluntad de la nación». Su posición será particularmente difícil, puesto que representará, al mismo tiempo, la idea conservadora propia a una dinastía católica, descendiente de una ilustre

---

[26] Nota de la edición en italiano: Sobre los entretelones del *Risorgimento* italiano pueden útilmente ser consultados los documentos reproducidos en Cretineau-Joly, *L'Eglise Romaine et la Révolution*, París 1859, Volumen JI. En ellos aparece la acción precisa desarrollada por personalidades ocultas hebreas y masónicas, que no se preocupaban de disimular, entre ellas, el desprecio que le merecían las ideas de los patriotas italianos, por ellos considerados como «medios de agitación, del que no debemos privarnos». Mazzini era definido un ridículo y romántico conspirador, y le fue rehusado tajantemente ser introducido ante los «superiores desconocidos» del carbonarismo, amenazando de «hacer hablar el puñal» si se hubiera inmiscuido en los asuntos de éstos, que apuntaban mucho más alto. Es contra Roma, como capital de la cristiandad, que ellos prescribían «un buen odio frío, meditadísimo y profundo, que vale más que todos los fuegos artificiales y las declamaciones de las tribunas». Se quería herir el centro mismo de la autoridad espiritual tradicional, teniendo la plena conciencia que «la caída de los tronos y dinastías habría sido la consecuencia». Sería muy interesante aclarar el papel jugado, como ya fue en Francia, en Italia, es decir, en las sociedades secretas italianas, las que trabajaban para la internacional revolucionaria bajo el disfraz nacionalista y patriota, por Inglaterra y sus dirigentes masones.

progenie de príncipes, y la idea diametralmente opuesta como enemigo involuntario del Papa, fuente, para los estados católicos, de toda legitimidad y como un soberano que debía no poco de su nuevo reino a la acción de las logias masónicas y otras sociedades secretas.

La posición de Napoleón III, del mismo modo, a la cabeza de un país católico, obligado por tanto a tomar en cuenta los sentimientos religiosos de sus habitantes, no fue, por lo demás, menos difícil. No pudo ser aliado efectivo de la nueva Italia *mazziniana y garibaldina* contra Austria y fue obligado a transformarse en su adversario a las puertas de Roma.

Su ejército, que había contribuido a la victoria de los italianos y a la edificación de la Italia unificada, impedirá a estos mismos italianos la entrada a su nueva capital, a tal punto que, finalmente él terminó por ayudar de verdad a la unificación italiana, cosa por lo demás fácil de prever. «La mujer fácilmente olvida lo que se ha hecho por ella, pero nunca olvida lo que no se ha hecho por ella». Este proverbio es igualmente cierto de las naciones. Napoleón no se había enemistado con el frente internacional de la Derecha, sino para ser abandonado por el frente internacional de la Izquierda. Éste, devorado el primer bocado, apuntaba ya más alto.

A partir de dicho momento, alrededor de Napoleón III se hará el vacío, y la revolución, viéndolo incapaz de seguirla más allá, buscará otro instrumento, encontrándolo en Prusia en la persona de Bismarck.

# Capítulo VIII

## Bismarck.
## Los entretelones
## de la transformación
## de la Europa Central

Prusia se había dado una constitución menos liberal que la austriaca. También ella era una monarquía en la que subsistían vestigios de feudalismo y donde los grandes propietarios terratenientes eran como pequeños reyes, que tenían escasas relaciones con la banca y la bolsa. Pero no por esto la mentalidad era más cerrada frente a las ideas nuevas, teniendo en cuenta que Prusia era protestante y además porque en ella la masonería operaba al igual que en todos los países reformados.

Austria y Prusia eran ambas monarquías de «derecho divino», sin embargo había entre ellas, una notable diferencia.

Ya antes de la Revolución Francesa, Federico II, amigo de Voltaire y anfitrión generoso de los libres pensadores, había declarado que «el rey es solamente el primer servidor del estado». No había sido sino una frase de príncipe, sin consecuencias prácticas inmediatas en el reino de aquel que la dijo, pero esta frase no podemos imaginarla en los labios de un Habsburgo, como tampoco en los labios de quien dijo: «El estado soy yo», o bien: «He corrido el peligro de esperar», o aún: « El más grande de mi reino es aquel a quién le hablo, en el momento en que me digno de hacerlo. »[27] Ella no habria salido de la boca de un Nicolás I o de un Francisco José.

Esta frase histórica pertenece al repertorio de las logias e ilustran admirablemente la difusión insensible de las « ideas nuevas », ejecutada ocultamente mediante células, de cuya filiación no se sospechaba.

Berlín rebalsaba de logias, algunas de las cuales, como la Logia Real de Prusia, eran aristocráticas y, detalle « sabroso », no se admitían a los israelitas. Éstos, por lo demás, estaban allí igualmente representados por células impregnadas de su espíritu. La « Logia Real de Prusia » era como « Gran Logia de Inglaterra », un salón para los príncipes de sangre real y gente de la mejor sociedad que, sin darse cuenta, se dejaban influir por una propaganda sabiamente dosificada para no alarmar su mentalidad pacífica.

« El príncipe, primer servidor del Estado »; parecería no haber en ello, nada malo, nada subversivo. Si el príncipe no es más que el servidor del Estado -concepto inaferrable-, y no su soberano, no es ya más servidor de Dios, y es el Estado el que se hace Dios. El estado capitalista y tributario del capitalismo, es el verdadero reino de Mammón.

Se preanuncia con ello el adviento de un estado que querrá sustituir a Dios, que querrá estar por sobre todo, para identificarse con el capitalismo que quiere esclavizar, con el chauvinismo que sólo sabe odiar, antes de devenir en democracia que rehúsa servir a Dios, para finalmente servir sólo al pueblo-sacerdote de Mammón.

---

[27] Frases que se atribuyen frecuentemente a Luis XIV, rey de Francia, llamado Rey Sol o Luis el Grande.

Pero no nos anticipemos. Por ahora sólo queremos destacar que Bismarck, sobre el continente europeo, fue el primero en apoyarse en el capitalismo, detrás del cual se esconde el judaísmo.

Él tratará de tomar el «toro por las astas», tratando de transformar un estado feudal en un estado capitalista. Del estado, que hasta entonces había sido **sólo un medio** para hacer más llevadera la vida de los ciudadanos, él hará un fin, una divinidad que quiere ser celosamente adorada. La religión, incluso la protestante, no será sino su accesorio, como así también el andamiaje feudal, puesto que este estado será materialista y también intensamente nacionalista, porque querrá monopolizar con exclusivo derecho para la Prusia monárquica la mentalidad nacionalista de 1848, sin el aspecto democrático de ésta. Y parecerá lograrlo.

Mucho se ha hablado de la transformación política de Alemania bajo el impulso de Bismarck. Pero se ha hablado mucho menos de su transformación económica y social que, por cuanto menos vistosa, fue infinitamente más importante. Ninguna transformación económica y social fue más radical y más rápida bajo el gobierno de un solo hombre. Sólo la ciudad de Berlín vio aumentar diez veces su población. Lo mismo sucedió en Hamburgo y en muchas otras ciudades, sobre todo en la cuenca carbonífera de la Renania.

Toda Alemania siguió el ejemplo de Prusia, e incluso la sobrepasó. El calmo equilibrio entre la producción y el consumo fue reemplazado por la inflación de las manufacturas y la circulación de los capitales.

A la muerte de Bismarck, Alemania estaba ya en la primera línea de la intensa vida capitalista. Ella vencía, al respecto, el record de Francia e Inglaterra y casi se equiparaba con los Estados Unidos, ella que había sido una federación muy centralizada de estados feudales y agrarios cuando Bismarck tomó las riendas del poder en Prusia. La patria idílica de *Arminius y Dorotea*[28] devino, bajo el impulso de un gentilhombre campesino prusiano, en un país de extrema riqueza financiera y de gran miseria proletaria.

Esta era la realidad de aquello que se llamaba un país floreciente y enriquecido. Sin excepción y en perfecta buena fe, todos los alemanes parecían estar muy orgullosos de ello, sin siquiera preguntarse por qué ellos, ni aquellos a quienes ellos conocían no se enriquecían, mientras la nación alemana, el país de ellos, daba estos pasos gigantescos hacia el progreso económico. Tampoco se preguntaban de dónde había brotado súbitamente la necesidad de expandirse hacia el exterior y, a falta de ello, emigrar en masa hacia las dos Américas y hacia otras direcciones.

Para responder a estas preguntas, se conformaban con poner todo a cargo de la sobrepoblación. En ello había una parte de verdad, pero, ¿de dónde surgía, a su vez, esta imprevista sobrepoblación en pocas décadas, mientras durante siglos ningún desarrollo de este tipo había puesto en peligro la existencia de Alemania? ¿Es qué tal vez las aplicaciones de la ciencia moderna vuelven más prolíficos los hombres? De todas maneras, elexcesodepoblaciónhabríapodidovolcarse lentamente hacia Rusia, puesto que los gobiernos de ella, en ese entonces, no obstaculizaban sino, por el contrario, promovían un movimiento de este tipo. Ello no habría significado tampoco la pérdida de elementos germanos para Alemania, debiendo lógicamente esperarse que Rusia, por ese camino, deviniese en una zona de penetración germánica. Los emigrados alemanes colonizadores del vacío moscovita habrían tenido, en cierto modo, el papel de pioneros de la influencia germánica. Por lo

---

[28] Poesía épica escrita por el poeta alemán Johann Wolfgang Goethe.

demás, colonias alemanas pululaban ya en el imperio del zar y eran florecientes; ellas llegaban hasta el Volga.

En realidad, los sufrimientos de las masas germánicas eran menos debido a la sobrepoblación, invocada como pretexto, que al extremado y súbito intensificarse de la producción. Esta ya no tenía en vista el consumo, porque lo sobrepasaba con creces, sino el tráfico, el negocio, el préstamo de los que se nutrían los magnates del crédito. Los financistas de la navegación y la industria las querían cada vez más grandes, para tener más que financiar, mientras obstaculizaban la colonización de Rusia, con todos los medios, directos e indirectos a su disposición, puesto que de ella no podrían haber ganado cosa alguna.

Por su parte el estado, que se endeudaba cada vez más a medida que aumentaban sus efectivos de guerra, era más o menos tributario de los mismos ambientes, a los que debía traspasar gran parte de su renta constituida por las contribuciones pagadas por la población. Ésta, a su vez, estaba obligada a buscar medios artificiales para hacer frente a las necesidades incesantemente crecientes y se lanzaba en el torbellino de los negocios para que el estado tuviera fondos para pagar a sus acreedores. Era un círculo vicioso en el que Alemania arrastró automáticamente a sus aliados y a sus adversarios eventuales a que Europa se transformase en un campo del que el hebreo extraería el dinero necesario para el financiamiento de las guerras y de las revoluciones del futuro.

Bismarck fue aquel que puso sobre la cabeza de Guillermo I la corona de la Alemania unificada. Pero él también fue, cosa infinitamente más grave, uno de aquellos que contribuyeron mayormente a coronar a Mammón como el rey de reyes sobre la tierra, mientras que Marx y Lasalle, seguidos por Liebnecht y Bebel, espiaban esta marcha del « progreso » en el centro de Europa.

Bismarck no era ciertamente un democrático en el sentido inmediato y visible que se da comúnmente a la palabra. Pertenecía, por nacimiento, a una clase más que leal respecto de la monarquía prusiana, a la clase de la pequeña nobleza rural prusiana. Era, por tanto, un monárquico ferviente. Pero su monarquismo era estrechamente prusiano para volverse germánico cuando la misma Prusia devino en la Germania; no fue nunca europeo e histórico como lo había sido Metternich.

Bismarck no verá como Metternich dos frentes internacionales e históricos en las fases de una lucha que continuaban por generaciones. **Él no se daba cuenta que Europa estaba por devenir un solo organismo, con órganos reaccionantes cada vez más los unos sobre los otros.** Él discernía sólo el provecho inmediato que la Prusia monárquica podía obtener, deviniendo en el instrumento de la ubiquidad capitalista, aun cuaudo ello fuera en desventaja de la idea monárquica en general. Él fue un gran prusiano, pero un pequeno europeo.

Él sabía que la monarquía es un elemento de fuerza y lo quería para su país; pero, por la misma razón, quería el liberalismo para los adversarios o posibles competidores de su país, viendo en ello un elemento de debilidad y de inferioridad. Y adversarios eventuales eran todos, ya que Alemania debía estar por encima de todos, *über alles*.

Él humilló y debilitó Austria, esa ciudadela de la aristocracia feudal. Él luchó contra el catolicismo y la Santa Sede, es decir, contra el principio fundamental del derecho divino. Y dicha lucha la llamó *Kulturkampf*, lucha por la civilización. ¿No es la jerga de los hombres del « progreso » y de las logias?

Él contribuyó a fomentar la república y la democracia en Francia, con el objeto de debilitar, humillar y mortificar esta gran nación.

En cuanto a su misma patria, él debía reducir el feudalismo, que constituía su armazón social, a una fachada y sustituirlo por el estatismo burocrático, como lo había hecho Richelieu en Francia, olvidando que un simple cambio de persona, en esas condiciones, había hecho posible su transformación en una democracia y en un socialismo de estado. Por ello, debía dejarse seducir por los espejismos del capitalismo imperialista. Todo ello, porque él, cegado por el orgullo nacionalista, creía en la inmunidad excepcional del elemento prusiano.

Y él empujó su país, y, automáticamente a todos los demás, sobre la senda del armamentismo, hasta el momento en que la circunscripción general, es decir, la masa armada, se volvió reglamentaria en toda Europa. Ingenuamente, en ello, él veía el aumento de la potencia militar de Alemania frente a sus vecinos; él olvidaba que estos vecinos le habrían seguido por el mismo camino, por lo que las posiciones habrían quedado más o menos como antes. Pero las posiciones cambiaban en Alemania, y en otras partes, y en modo alarmante, respecto de una eventual lucha de clases; y ya no estaba permitido a un hombre de estado europeo, digno de este nombre, ignorar este peligro en la segunda mitad del siglo XVIII y, con mayor razón aún, en el primer cuarto del siglo XIX.

Del mismo modo, los romanos de la decadencia enseñaban la ciencia militar a los bárbaros que componían las legiones, para luego enviarlos a sus tierras de origen, a que estuvieran bien preparados para invadir, saquear y someter al imperio.

El incremento de los armamentos, asumiendo proporciones gigantescas, obligó al estado a seguir una política fiscal en gran escala, con el único fin de estar en condiciones de pagar los intereses de los préstamos. Fue una política de endeudamiento progresivo, con un capital no redimible, porque devorado por gastos que, justificados únicamente por la perspectiva de una guerra, en el momento inmediato eran fructíferos sólo para la ubicuidad internacional del oro hebreo.

Dichos gastos eran siempre necesarios para estar al día en la carrera armamentista, de modo que la riqueza de los particulares, siempre más endeudados con la alta finanza y el hebreo a través del estado, de sólida y tangible que era, se deshizo progresivamente y se deslizó en las cajas de fondos de las finanzas preponderantemente hebraicas, bajo la forma fácilmente movible de oro y títulos.[29]

La política general de Bismarck habría sido excusable e incluso normal unos siglos antes. Entonces los estados monárquicos no tenían enemigos internos, o bien, estos enemigos eran sólo accidentales, no permanentes; actuaban cada uno por su cuenta y no constituían un frente internacional único, con columnas nacionales ejecutando un plan estratégico de conjunto, siguiendo una común inspiración. Entonces los emperadores podían pelear impunemente con los papas, los reyes con los reyes y los grandes vasallos de la corona; los prelados, finalmente con los príncipes porque no existía un terrible enemigo común y omnipresente, trabajando para la perdición y la ruina de todos ellos. En cambio, en los tiempos de Bismarck, este enemigo ya existía y no podía pedir nada mejor que aliarse a uno u otro elemento o estado, según las oportunidades, y al final, quedar dueño del campo de batalla sin haber corrido el menor riesgo.

---

[29] Nota de la edición en italiano: Aquí vale la pena deslizar estas palabras de Metternich en 1849, que demuestran una vez más su visión profética: « En Alemania los hebreos juegan roles de primer orden y son revolucionarios de clase. Son escritores, filósofos, poetas, oradores, banqueros que llevan en su mente y dentro de su corazón, el peso de su antigua infamia. Ellos devendrán para Alemania, en un flagelo... Pero ellos conocerán probablemente un futuro que será para ellos nefasto ». Christina Stoddard, alias Inquire Within, *The Trail of the Serpent*, 1936, pág. 93.

Una política así, después de 1848, y ya después de la Revolución Francesa, era peligrosísima. Ahora bien, esta fue la política de un hombre que era, sin ninguna duda, un conservador y un monárquico sincero, un reaccionario y un absolutista en el fondo del corazón y que la historia nos invita a honrar con el apelativo de genio. En caso que Bismarck hubiese sido un falso reaccionario, un instrumento consciente de la subversión y un Judas frente al Antiguo Régimen, en tal caso, él habría dado prueba de ser un genio, pero ello, francamente, es imposible suponer. Por el contrario, su genio, bajo el aspecto aquí considerado, sólo ha constituido en ser la más verosímil burla de su siglo.

Bajo este aspecto, Bismarck ha vencido plenamente el record de Richelieu. Éste, al abatir el feudalismo, «deshuesó el Reino de Francia y preparó el adviento de un rey, que diría: « el estado soy yo», encarnando un estado que, precisamente por dicha razón, más tarde debía ser guillotinado tanto más fácilmente en la persona de su soberano. Pero Richelieu no tenía entre sus activos la experiencia de un siglo de métodos revolucionarios.

Bismarck fue engañado a pesar de que su inteligencia y sagacidad eran indiscutibles, pero ellas quedaban encerradas en los estrechos límites de una visión nacionalista limitada a las ambiciones de los Hohenzollern y a los intereses particulares de Alemania.

Si Bismarck hubiese sido realmente un gran hombre, incluso un hombre agonísticamente, pero inteligentemente patriota, si su mirada hubiera tenido la clarividencia aquilina del genio, habría visto en la penetración de Rusia el porvenir de su patria sobrepoblada y congestionada. Rusia, con sus llanuras fértiles e incultivadas tenía cómo alimentar veinte alemanias por un siglo entero, siendo un inmenso territorio que escondía riquezas insospechadas y todas las materias primas deseables. No lo habría buscado Bismarck en una industrialización exagerada que debía agravar dicha congestión después de haberla atenuada sólo en sentido inmediato, mientras intensificaba las posibilidades futuras del socialismo.[30]

La penetración en Rusia habría tenido lugar de modo pacífico, teniendo Rusia la necesidad de una organización que la nación vecina habría podido proporcionarle, así como Alemania tenía necesidad de las materias del suelo y del subsuelo ruso. Y los dos países monárquicos, con sus dinastías emparentadas y unidas por el vínculo de una amistad tradicional, tenían todo lo necesario para entenderse, y su estrecha alianza habría constituido una barrera formidable, o mejor aún, una fuerza de ataque contra las olas rugientes de la marea democrática.

Guillermo II sólo agravó los errores de Bismarck, pero dejó de seguirlo allí donde él había estado mejor inspirado.

Aquello que caracteriza el verdadero genio político es una alta capacidad de clarividencia, una especie de doble vista. Él discierne aquello que el Evangelio ha llamado «los signos de los tiempos», es decir, lo esencial, lo permanente, que él cuida muy bien de no confundir con lo accesorio, lo ocasional, lo accidental.

Ahora, lo esencial, lo permanente del siglo XIX era el antagonismo implacable, no entre dos naciones, sino entre dos mundos sobrepuestos, entre el superior aún bajo la influencia del espíritu tradicional y el mundo inferior, consciente o inconscientemente sujeto al poder de la masonería y deljudaísmo imperialista y militante.

---

[30] Nota de la edición en italiano: Por tanto, es justo reconocer que esta política de industrialización extrema fue prudentemente circunscrita por Bismarck y que el verdadero responsable de ella fue su sucesor Guillermo II.

Este último se escondía bajo el doble aspecto del capitalismo en lucha contra la propiedad personal, y de la democracia, burguesa en un principio, más tarde socialista, en lucha, contra la autoridad legítima.

En el mundo inferior había una internacional de pensamiento y acción: «ningún enemigo a la izquierda». En el mundo superior reinaba en cambio, la división nacionalista: *France d'abord, Deustschland über alles, Rule Britannia*. De allí la manifiesta inferioridad de este último; en tales condiciones, no podrían las cosas suceder de otro modo.

Como todos sus contemporáneos sin excepción, Bismarck encontró más cómodo actuar siendo oportunista, es decir, no ir contra la dirección impuesta a la historia por las fuerzas subversivas, sino seguirla, tratando de utilizarla para satisfacer las ambiciones inmediatas de su país. Y puesto que Bismarck fue, sin duda, el más hábil, el más astuto y el más desenvuelto diplomático de su época, él logró vencer en oportunismo a todos sus colegas y a ganarse un brillante éxito, aún secundando inconscientemente el juego de la ubicuidad internacional. Esta última, evidentemente no buscó su aniquilación como lo había hecho con Metternich y con Nicolás I que se obstinaban a ir en contra de la corriente. Al contrario, lo sostuvo con todas sus fuerzas y así su nombre nos ha quedado como aquel que ha sido un triunfador en la vida, como más tarde, en menor medida, será el caso de Eduardo VII.

Los dos primeros, Metternich y Nicolás I figuran, en cambio, en los anales de los vencidos.

No era necesario poseer un gran olfato político para prever que una Alemania unificada, bajo la dirección de una Prusia militarizada, a las puertas orientales de Francia, constituía para ésta un peligro mucho más grave que las cercanías de una Alemania pacífica, dividida en pequeños estados autónomos y dedicados a sus vicisitudes seculares, bajo la soberanía bastante vaga de una Austria lejana y con poblaciones heterogéneas.

Segura de la neutralidad rusa, Alemania no tenía en Europa, adversarios serios, excepto Napoleón III. Éste estaba aislado y no podía contar ni con Rusia, a quién había humillado, inútilmente por los bellos ojos de la democracia, en Crimea, ni con Italia, por él ayudada en nombre de la idea nacionalista, pero que no le perdonaba el haber defendido Roma, contradiciendo esta idea. Aún menos podía contar con esa democracia idolatrada, que lo abandonaba por Bismarck, como el hombre que debía dar un nuevo impulso al « progreso » siempre en marcha.

Fue luego el turno de Napoleón III. También aquí el pretexto fue fácilmente encontrado. Si no hubiera sido por el famoso despacho de Ems, se habría encontrado algún otro.[31]

No entendemos por qué en general, los historiadores pierden tanto tiempo en discutir todos estos pequeños detalles. La guerra fue decidida. El ejército alemán estaba listo, el francés no lo estaba. La configuración del tablero de ajedrez era favorable a Prusia, porque era la potencia que estaba por dar al capitalismo un impulso nuevo. Una armada teutónica, de casi medio millón de hombres bien armados y bien disciplinados, la fuerza militar más grande que vio Europa después de la campaña napoleónica de 1812, entró en territorio francés. El

---

[31] El año 1870, el embajador francés en España, habiendo sabido que la Corona de dicha nación le fue ofrecida a Leopoldo de Hohenzollern, a raíz del derrocamiento de Isabel II, se apersonó en Ems frente al Emperador Guillermo 1. !.e solicitó que se retirara dicho ofrecimiento. El Monarca no dio respuesta definitiva, pero el padre del candidato, Antonio de Hohenzollern, hizo retirar la candidatura y se envió un informe de lo tratado a Bismarck, quien lo hizo publicar en los periódicos, por cuyo medio, y no por el ministro, se enteró el gobierno francés. Por ello se inició la gnerra franco- prusiana de los años 1870 - 1871.

ejército francés principal, mandado por Napoleón III en persona, fue rodeado y obligado a capitular. El emperador fue tomado como prisionero de guerra. Los otros ejércitos franceses, comandados por los mariscales, corrieron más o menos la misma suerte. Y el rey de Prusia, con todos los príncipes y los pequeños reyes alemanes en su séquito, puso asedio a París.

La híbrida monarquía que había sacrificado los intereses del país a la revolución, caía víctima de esta misma revolución por ella tanto amada. Napoleón III fue un monarca singular, como pocos se encuentran en la historia, usurpadores y *parvenus* incluidos. Estos, generalmente, tratan de borrar sus orígenes, mientras que Napoleón pareció vanagloriarse de ellos y estar en el trono solamente para demoler monarquías, incluida, al fin, la propia. El Segundo Imperio se pareció hasta la identificación a una república laica, y a pesar de su engañoso resplandor, fue ya el régimen de la democracia y el libre pensamiento.

# CAPÍTULO IX

## LA COMMUNE. METAFÍSICA DEL ODIO REVOLUCIONARIO

En la persona de Luis Napoleón Bonaparte, Francia no perdía mucho. Pero ¿qué debía suceder después? La máquina infernal, alimentada por el oro internacional, que trabajaba sin descanso en el tenebroso subsuelo de la mentalidad europea del siglo XIX, había gobernado Francia por dos décadas, durante el tiempo en el que había necesitado su espada más allá de las fronteras. Pero ella no se había quedado dormida bajo el sucesivo régimen tan «iluminado» y tan intensamente olisco de Revolución Francesa. De esta última, ella estaba preparando una nueva edición; edición sensiblemente relacionada al «progreso» que los «inmortales principios», tal como vino en la cava, habían hecho durante ochenta años. ¿No era luego necesario que Francia siguiera llevando la antorcha, tal como lo había hecho en 1789?

Sin embargo, la antorcha de 1789 no podía ya ser aquella de 1871; los «inmortales principios» confeccionados en los años I, II y III de la era jacobina, habían tenido tiempo de volverse lugares comunes de la ideología corriente europea. Era necesaria una innovación inédita, una nueva moda de París. **Fue la revolución proletaria que Europa aún no había conocido.**

En la historia, la Revolución Francesa fue la primera revolución de la clase media y burguesa, llamada el Tercer

Estado. *La Commune de París* debía ser la primera revolución de la clase proletaria, habiendo permanecido a la fecha relativamente a la sombra.

Ella fue la primera realización en la historia, tentativa aún efímera y precipitadamente sofocada, de la dictadura del proletariado, forma hasta entonces inédita de la subversión.

Ella fue el primer adviento del Cuarto Estado, lo que señalaba un progreso sobre la que le precedió.

Al respecto, ella marca una fecha en la evolución del espíritu de revuelta. Todos los pontífices de la subversión contemporánea, de la fase llamada socialista y comunista, fueron unánimes al declararlo, con los más grandes en primera fila: Marx y Lenin, de hecho, repudiaron ostentosamente todo nexo con las revoluciones burguesas, republicanas y democráticas de 1789 y 1848, viendo en ellas solamente un medio, un encauzamiento, y no el fin. Pero todos proclamaron su filiación directa a la *commune* parisina, aunque criticando su defectuosa preparación técnica. Todos sin excepción se inclinan ante ella como delante de una especie de precursora y le consagran numerosos discursos, opúsculos y libros. Ella ha sido la prefiguración de aquello que sería la Revolución Bolchevique. Marx, Lenin, Trotsky, Kautsky, Sauvaroff y muchos otros han hecho de este argumento el objeto de sus tratados y políticas.

Es un gran error suponer que la Commune de París haya sido un movimiento espontáneo: **éste es un error que se repite en cada revolución.**

Siempre se encuentran cientos de miles de hombres ingenuos que creen que alguna cosa pueda realizarse sola, pueda salir de la nada, sin haber sido hecha por alguien. Es suficiente reflexionar apenas sobre esto, para ver en ello un absurdo filosófico y un desafío al sentido común. Sobre todo, en una época que pretende ser científica y en la cual se debería saber que incluso que aquellos procesos, que antiguamente se creían automáticos y regulados por las leyes abstractas de la naturaleza, así como la descomposición de un cadáver, la enfermedad, la vejez, la así llamada naturaleza mortal, están determinadas por agentes concretos y vivientes llamados toxinas, bacilos, los cuales trabajan en dicho sentido. Sin ellos, no habría ni descomposición, ni fiebre, ni decrepitud, ni muerte, y estos agentes, por ser invisibles, no son por ello menos reales.

Lo mismo sucede en la sociedad, que es la humanidad en el espacio, y en la historia, que es la humanidad en el tiempo. Hay bacilos y toxinas, personificados por hombres, que el ojo de las generaciones no discierne y el ojo de los historiadores ignora, o, más frecuentemente, finge ignorar, pero la existencia de los cuales no es misterio para el bacteriólogo de la sociedad y de la historia, provocan las fiebres, la decrepitud o la descomposición, las parálisis o las convulsiones, la vejez, el colapso y la muerte.

Las víctimas creen que el proceso transcurre por sí solo, en virtud de leyes ineluctables, y consubstanciales a la naturaleza de las cosas y de este modo no reaccionan. En efecto, !cómo reaccionar, sin ser insensatos, contra lo inevitable y contra la naturaleza de las cosas?

En la *Commune* de 1871 hubo tan poca espontaneidad como en 1789, en 1793, en 1848, en 1905 y en 1907, al igual que en los disturbios chinos, hindúes, sudaneses, sirios, turcos, marroquíes y afganos. Aún menos lo hay en todas las huelgas de nuestro tiempo. Ello no excluye que, como sucede en el organismo animal, para que los bacilos y las toxinas puedan desarrollar eficazmente su acción homicida, es necesario que este organismo esté debilitado y decaído por la intemperie o la excesiva fatiga; a diferencia de un organismo sano y en la plenitud de sus fuerzas que tiene los recursos suficientes para defenderse y anular la acción dañina. Por esta razón, las infecciones sociales se siguen generalmente a flagelos económicos o políticos, lo que no quiere decir, eso sí, que sean el mero efecto.

En verdad, se habría podido comprender que el populacho linchara a uno u otro responsable de la derrota; y aún esto no habría sucedido sin las insinuaciones persuasivas de parte interesada.

Pero la *Commune* de 1871 no era «antibonapartista» más que «antiborbónica» o que «antiorleanseana» o, incluso, «antigambettista». Ella estaba contra el orden social, por bueno o malo que fuese, ella estaba, prácticamente, contra todo.

Se replicará que ello sucedía por el hecho de estar convencida que el orden social en general es responsable de todos los males. Es precisamente esto que nosotros sostenemos. Se trata de algo que no nace solo, espontáneamente, sino que requiere una larga preparación y una organización elaborada, en el modo más minucioso e inteligente.

Sólo para el observador superficial y sin la menor idea de los laboratorios donde se confeccionan las revoluciones, síntomas de este tipo pueden parecer improvisados. Los hombres siempre han sido hombres, las masas siempre han sido masas; su presunta madurez, acaecida apenas hace algún decenio, no es sino un *bluff* inconmensurable. Siempre ha habido reveses y derrotas; pero, sólo después de la segunda mitad del último siglo ellos han tenido invariablemente fenómenos del tipo de la *Commune* a continuación de los cuales, al final, el frente de la subversión no es el único que saca provecho.

No hay duda que la Primera Internacional, creada y dirigida por Marx, fundador del socialismo moderno, haya sido el motor de la *Commune* de París. Ella se ha servido, a modo de palanca, del partido blanquista, cuyo jefe había muerto, pero cuyas tradiciones estaban vivas y no necesitadas de ser revividas en los suburbios de la capital francesa.

Nosotros observamos hoy el mismo proceso en Inglaterra, donde la Tercera Internacional actúa a través de las facciones radicales de las *trade unions* británicas, que ella gradualmente ha radicalizado.

El «león de la cándida melena», así era llamado el hebreo Marx por alguno de sus discípulos, no había podido llegar él mismo a París, pero observaba con atención concentrada todo lo que sucedía. Cosa para él fácil, estando en correspondencia continúa con Kügelmann, quien parece que fue su vicario *parisién*.

La Primera Internacional existía hace ya algunos años. Ella ya se había reunido en diversos congresos, en general en Suiza, bajo la presidencia del mesías hebreo en persona. Estos congresos fueron el Concilio de Nicea del socialismo, ahora ya unificado y saliente de las catacumbas y de la dispersión, bajo el impulso del Maestro. Su evangelio y su credo era el *Manifiesto Comunista* de 1847, pequeño libro accesible a la comprensión de las masas obreras, firmado por Marx y Engels, y finalizado con el famoso grito de solidaridad: *¡Proletarios de todos los países, uníos!*

Considerando las apariencias, este libelo marca la ruptura con lo que, hasta entonces, era considerado la esencia revolucionaria, en referencia a las ideas «de avanzada» que, según la mentalidad del siglo XIX, la Revolución Francesa poseía. Tales ideas se habían cristalizado bajo el nombre de democracia liberal y entonces se conectaban con los clubs revolucionarios de 1792 y a los girondinos moderados; o bien llevaban la etiqueta de democracia radical, conectándose, entonces, a los girondinos radicales y a los jacobinos.

Toda la ideología surgida de la Revolución Francesa proclamaba la igualdad de todos los individuos y negaba las clases. Sin embargo, en la práctica, se estaba bien lejos de la una y la otra cosa.

Menos hipócritamente el *Manifiesto Comunista* rechazó todo este liberalismo fariseo, que no era, en buenas cuentas, sino un formalismo para engañar a los imbéciles. Él proclamó francamente aquello que nunca antes se había osado decir y que se había limitado a pensar: la desigualdad de las clases y la dictadura de una clase sobre las otras. Esta nueva clase dirigente no tiene necesidad absoluta de ser la más numerosa, como es el caso del proletariado en los lugares de la pequeña propiedad rural. Es suficiente que sea la más indigente, la más necesitada, la menos iluminada, cosas que el texto evidentemente callaba. En pocas palabras, la clase más fácil de adoctrinar y guiar a gusto, no sólo porque su limitado intelecto la vuelve inerme frente a la sugestión, sino también porque, eventualmente, ella tiene todas las de ganar y nada que perder.

Entre el *Manifiesto Comunista y el Manifiesto de los Derechos del Hombre y del Ciudadano*, el abismo es infranqueable sólo aparentemente. En general, si hay divergencia, ella sucede donde quiera que la clase proletaria no sea aún la más numerosa. Pero ella tiende a devenir en mayorías por doquier, en las mismas regiones agrícolas donde el capitalismo, otro aliado del judaísmo, trabajaba asiduamente para transformar la propiedad grande o pequeña que sea, en pedazos de papel. Los pequeños propietarios de otros tiempos se vuelven entonces los obreros de las ciudades y los antiguos grandes propietarios usufructúan como holgazanes de los primeros, a través de la banca y la bolsa. Al mismo tiempo, la democracia acelera este proceso, por medio de los impuestos sobre la herencia y del fraccionamiento de la tierra hasta extensiones mínimas que, en la práctica de la economía, terminan sin tener algún peso.

Por tanto, el *Manifiesto Comunista* solamente ha acelerado una evolución que los ambientes directivos de la subversión estimaban demasiado lenta. Esta evolución comenzó el día de la proclamación de la igualdad de los individuos, es decir, con la Revolución Francesa. En apariencia y para los espíritus superficiales, o sea, para la mayor parte de los hombres, Marx pareció quemar aquello que ella antes parecía adorar, el «inmortal principio» de la igualdad de los hombres y las clases, que era el presupuesto implícito, pero, imprescindible del derecho de la mayoría y, en una palabra, la esencia de toda legalidad democrática. Esta es la razón por la cual la democracia moderna, he redera de la primera revolución, ha acusado al príncipe de la segunda revolución de querer restaurar el reino del privilegio, del Antiguo Régimen, si bien invertido.

También respecto de otro punto se pretende que, entre el programa revolucionario número dos, expuesto en el *Manifiesto Comunista* de Marx, y el programa número uno, aquel de los inmortales principios de la Revolución Francesa, que había arrebatado los corazones de los hombres de 1848, exista un abismo. Se trata del principio nacionalista, que la Revolución Francesa y, a continuación las revoluciones de 1848 parecían exaltar aún más, mientras el *Manifiesto Comunista* lo relegaba entre los trastos viejos.

Pero la verdad es que la Revolución Francesa se había servido del sentimiento nacionalista sólo para rechazar la invasión extranjera, así como un hombre asaltado empuña el primer bastón que encuentra para defenderse del agresor; mientras que habría agarrado una piedra, si ella le hubiera servido mejor para su necesidad. A continuación, la revolución descubrió en el nacionalismo francés una palanca poderosa para su programa ofensivo y no defensivo, y, habiendo comprobado su eficacia continuó sirviéndose de él. Esto no quita que la Revolución Francesa, en sus m1c1os, deseó volverse internacional. Con este objetivo, ella convocó en París verdaderos congresos de elementos subversivos de cada país, como hoy hace el comunismo. El cual, sin duda, no dejará de agitar el estandarte nacionalista el día en el que las potencias occidentales se decidan atacarlo y sobre todo a invadir el territorio ruso.[32] Por lo demás, la Revolución China, que sabemos instigada por Moscú, no lo hizo ya, para aparecer sacra a los ojos de los europeos imbéciles?

En los movimientos revolucionarios de 1848, el nacionalismo ha obedecido a un oportunismo que es demasiado visible, para que sea necesario insistir sobre ello. Nosotros ya hemos mencionado repetidamente los incalculables servicios entregados por el nacionalismo democrático a la causa de la subversión, al dividir el frente cristiano e impedir su unión frente al enemigo común.

Los grupos que seguían la huella de la Revolución Francesa estarían luego, muy mal inspirados e incluso serían ingratos, si se hubieran puesto a renegar de este aliado, tanto más precioso porque ignorante de serlo, pero, en la práctica, tal vez más importante que cualquier otro.

Abramos ahora la ventana y tomémonos la molestia de ver qué cosa sucede en la calle: veremos que la subversión mundial, estratégicamente, se ha divido en dos ejércitos, cada cual persiguiendo un diferente objetivo.

La misión de uno, aquel que se dice con ostentación el continuador de la Revolución Francesa y de 1848, pretende descaradamente contrastar el avance del otro, es la de difundirse entre las naciones cristianas para excitar hasta la histeria sus antagonismos nacionalistas. Al mismo tiempo en

---

[32] Nota de la edición en italiano: En efecto, la denominación oficial dada por los *Soviet* a la guerra contra Alemania, en el segundo · conflicto mundial, ha sido la « gran guerra patriótica ».

nombre de la democracia, debe exacerbar las viejas rencillas entre grupos e individuos de la misma nación. Dichas rencillas aún no se encuentran agotadas por la Revolución Francesa, cuya obra de nivelación e igualdad aún no está terminada.

La misión del otro ejército, aquel que proclama el *Manifiesto Comunista*, es unificar y concentrar en un solo bloque homogéneo y compacto todas las fuerzas militares de la subversión. Dichas fuerzas proporcionaron los batallones de asalto, preliminarmente divididos, tanto horizontalmente (por los nacionalismos), como verticalmente (por la democracia de todos los colores).

Son aspectos solidarios de una única cosa y de una única conspiración, en la cual el nacionalismo es lo que clericalismo era en el pensamiento de Gambetta: un artículo de exportación, donde quiera la oportunidad encuentre la propia conveniencia. Las cosas son casiI siempre así, en Europa como en las otras partes del mundo. **Sólo en el período comprendido entre las dos guerras mundiales, el nacionalismo trató de desdemocratizarseyasumirotradirección, dirigiéndose también contra las fuerzas oscuras de las cuales, en la precedente fase, tan a menudo fue un instrumento**.

Esto no impide, sin embargo, que en otras partes, entre las razas de color, Moscú continúe el antiguo juego, utilizando la ideología nacionalista con el fin de lograr su levantamiento contra la hegemonía de las potencias europeas y su traspaso al frente internacional ruso.

La *Commune* de París, fue en cierto modo, el primer ingreso de la segunda oleada revolucionaria en el mundo de los hechos. Destinada a manifestarse más tarde bajo la forma más aguda de bolchevismo y de terrorismo proletario, hasta ahora ella no había salido del mundo de las meras especulaciones. Fue en 1871 que esta nueva encarnación del espíritu de revuelta, cuyos adherentes, lejos de postrarse como todos los precedentes revolucionarios ante «los inmortales principios», consideraron estos mismos principios retrógrados y ya caducos, se encontró por primera vez con la vida.

Las dos corrientes revolucionarias, brotadas de la misma fuente, no estaban separadas por un foso, sino que se entrecruzaban mutuamente. La *Commune* era su punto de intersección. En cierto modo, ella procedía de ambas y pertenecía a una especie zoológica intermedia. Esta falta de integridad provocó, al final, su fracaso e impidió el adviento del bolchevismo en un punto de Europa, alrededor de cincuenta años antes del término fijado por el destino.

El estudio de la *Commune* es interesante, porque en ella se ven las dos corrientes revolucionarias, la de 1789 y la del *Manifiesto*, encontrarse y estorbarse mutuamente hasta hacer fracasar la empresa que había cometido el error de quererlas conciliar. Dos especies de elementos humanos se encontraban frente a frente, entre los dirigentes de la *Commune*.

Había proletarios quedados bajo la inspiración directa de la Primera Internacional, y ellos eran ya los padres espirituales de los actuales bolcheviques, así como la Primera Internacional debía ser generadora de la Tercera. Ellos daban desdeñosamente la espalda al *Jour de Gloire*[33] ya retrógrado de la Revolución Francesa y no miraban otra cosa que el *Grand Soir*.[34]

---

[33] Alusión al himno La .Marseillaise, la cual comienza con, ¡Allons enfants de la Patrie / le jour de gloire est arrivé!

[34] Este término se hace muy presente entre marxistas y anarquistas, y corresponde a la antesala de un proceso revolucionario donde cualquier cosa puede ocurrir, desde la caída del poder precedente, hasta la instauración de una nueva sociedad. En el contexto histórico de fines del siglo XIX, los obreros que vivían en condiciones miserables añoran abrazar algún día con un *Grand Soir*. El revolucionario y escritor francés, Eugéne Portier en 1871 fue el autor de la letra de *La Internacional*, canción que al día de hoy es considerada el himno de los trabajadores en todo el mundo.

Había también pequeños burgueses y tenderos de la capital, con ideas tipo Homais,[35] semejantes a los radicales y a los radical-socialistas de hoy, embutidos ante todo con la fórmula anti-clerical, a veces incluso nacionalistas y «cocardistas»[36] en el sentido de los «inmortales principios». Todos ellos no se identificaban sino a medias con la tradición revolucionaria de 1789 y de 1848, y, en particular, tenían cierto resguardo hacía aquello que consideraban el criterio de la legalidad democrática, es decir, por el principio de la soberanía entregada por el voto de la mayoría del pueblo. Parecían no darse cuenta que ellos estaban ya en ruptura con este principio, por la simple razón de que la *Commune* no era francesa sino solamente *parisién*. Desde el punto de vista de la legalidad democrática, tal como la concebían los maestros de escuela, una ciudad aun siendo la capital e incluso la *Ville-Lumière*, no tiene el derecho de disponer acerca del destino de toda la nación: sobre todo faltando el mandato de esta última y a sus espaldas, puesto que, en un determinado momento, las comunicaciones entre París y el resto de Francia se interrumpieron.

Por una fuerza mayor, independiente de su voluntad, los comuneros no podían luego estar en regla frente a Francia desde el punto de vista de la pretendida legalidad determinada por el número de votos. Se presenta entonces la pregunta por qué un número tan grande de ellos demostrará tanto empeño en no transgredir el principio sacrosanto de la democracia respecto de la ciudad de París.

---

[35] Homais corresponde al personaje de la novela Madame Bovary, escrita por Gustave Flaubert, quien encarna de manera muy representativa al nuevo hombre de clase media, que tiene una mirada «progresiva» de la vida, y que el propio Flaubert detestaba. Homais, el farmacéutico, es intelectualmente limitado y, a su vez, pretencioso; lleno de prejuicios y limitaciones tan propios de la nueva burguesía. Se declaraba agnóstico y era mr gran exponente de Voltaire, pero al mismo tiempo era temeroso y supersticioso respecto de la muerte.

[36] Alusión que se hace en relación al *cocarde tricolore* que corresponde a la escarapela usada principalmente por los militares en Francia durante el Antiguo Régimen.

Esta preocupación por los «inmortales principios» llegó a tal punto que, en un determinado momento, ellos dejaron escapar la ocasión de aplastar el gobierno de Thiers, instalado a las puertas de Paris en Versailles, porque era necesario proceder a las elecciones y pedir permiso a la democracia.

Era el modo de proceder de pequeños tenderos, acostumbrados a su rutina, cosa que hizo decir, a Marx y a Lenin, que los comuneros fueron elementos revolucionarios petrificados en sus principios extraídos de la Revolución Francesa, como los otros lo fueron respecto del Antiguo Régimen.

De hecho, para ellos la Revolución Francesa era el Antiguo Régimen. Estaban permeados hasta la médula de su espíritu y les faltaba totalmente audacia y agilidad. Los inmortales principios de 1789 y de 1848 los inmovilizaban por un curioso sentimiento, en el que el respeto humano, la timidez y el escrúpulo tenían su parte.

Ahora bien, los verdaderos revolucionarios no actúan así, ellos no esperan que se les entregue el poder, ellos lo toman y se ríen de la pretendida voluntad popular, acerca de la cual ellos saben muy bien que pensar, así como sus padres se habían reído del derecho divino, cosa santa de su tiempo. Los bolcheviques, en cambio, debían actuar así, fuertes a partir de la experiencia de los comuneros, de la cual se habían beneficiado, y ellos fueron los primeros en confesarlo.

Estaríamos perplejos si tuviéramos que decir que personalidad estuvo a la cabeza de la *Commune*. No hubo, de hecho, ninguna. Desde el principio, hubo un Comité Central, una especie de «*Soviet* de la Guardia Nacional» que disputaba con la *Commune* propiamente dicha, en lugar de tirarla por el morro, como lo hicieron los bolcheviques medio siglo después, respecto de quienes a ellos se resistían, tanto a la derecha como a la izquierda.

En tales condiciones, una revolución, sobre todo con ideas tan avanzadas, no podía vencer. Era lo que le dolía a Marx, cuyos consejos no fueron escuchados y cuyos agentes eran sobrepasados por la Torre de Babel de los demócratas del régimen relativamente «antiguo».

Sin embargo, desde otro punto de vista, la *Commune* constituía la «última moda»; ella realizó la primera tentativa de la historia de un gobierno de obreros para obreros. Los obreros formaban la mayoría, pero la substancia maleable por ellos representada, no había tenido el tiempo para ser suficientemente preparada y amasada por la Primera Internacional. Se percibía el período de transición entre la romántica ideología violentamente conectada al 1848 y el cinismo despiadadamente utilitario y materialista que debía prevalecer en el futuro. Las influencias hebreas allí habían jugado un papel relevante, pero el hebraísmo, tal vez sorprendido por la rapidez con que los acontecimientos se habían desarrollado, no había podido dominar la situación como sucedería en cambio en 1917 en la ciudad de Petersburgo.

Se trataba sí de la dictadura del proletariado, pero sin dictadores hebreos para ejercer la dictadura sobre esta dictadura. Ello, tal vez, explique la debilidad de la *Commune*, a pesar de sus atrocidades poco sistemáticas, y también de su derrumbe final. Una revolución, por intensa que sea, está condenada a la dispersión si no hay hebreos o elementos análogos del frente secreto que la dirijan automáticamente y concentren sus movimientos.

Los cristianos, aunque sean ex-cristianos como los comuneros, cometerán delitos innecesarios y omitirán de cometerlos cuando lo sean. La *Commune*, que tuvo a bien fusilar a un arzobispo, y a algunos generales y derrumbar la columna Vendóme, sin embargo tuvo los escrúpulos que un gobierno hebreo comunista habría ignorado. Ella asesinaba, pero luego se disculpaba con frases declamatorias que recordaban los propósitos grandilocuentes de la Convención,[37] en lugar de despreciar la opinión pública y proceder resueltamente.

Ella, sin embargo, tuvo a bien adoptar ciertos métodos que más tarde se reconocieron por afortunados en el bolchevismo. Tomaba rehenes y así aterrorizaba a sus enemigos, que temblaban por la suerte que correrían sus parientes y amigos. Un método tal, tomar rehenes y hacerlos morir por centenas entre tormentos por cada atentado contra un bolchevique de alto rango, ha preservado la vida de los grandes jefes de la revolución moscovita.

Aquellos franceses que hubiesen escuchado de sus padres o sus parientes lo que fue la *Commune* de 1871 se sorprenderán de saber que uno de los reproches más graves hechos por los jefes de la revolución moscovita, como un Lenin o un Trotzky, a los comuneros, es el haber sido demasiado clementes respecto de sus administradores y de sus adversarios. Es suficiente esto para dar una idea terrorífica de aquello que fue Rusia en 1917 y en los años sucesivos.

Una sola generación nos separa de la *Commune*. Es luego inútil insistir sobre la mansedumbre de sus procedimientos, siendo la historia suficientemente conocida y aún casi viva en el recuerdo.

Unos de los rasgos sobresalientes de su carácter fue el sectarismo, por ella ejercida hacia la religión cristiana. Es el sello indeleble de la subversión que estaba en sus orígenes espirituales, puesto que basta una simple reflexión para comprender que este odio irracional y tan notoriamente

---

[37] Referencia a la *Convention Nationale*; asamblea constituyente que gobernó Francia entre los años 1792 y 1795, luego de la Revolución Francesa.

profundo hacia el cura católico, no podía ser un sentimiento natural, inherente al alma del proletario, en una época en que la Iglesia había cesado de representar un elemento de dominación o de posible persecución y en la que, cada quien, si lo deseaba, era libre de ignorarla.

El Segundo Imperio es muy reciente aún para que haga falta explicar que éste no fue un período de intolerancia religiosa o de altas influencias eclesiásticas, susceptibles de ensombrecer de algún modo a la población. Al contrario, fue una época de indiferencia en materia religiosa, como en la historia precedente, y como muy pocas lo habían sido. Los católicos practicantes constituían una minoría y, aún queriendo, no habrían podido ejercer ninguna presión sobre sus conciudadanos. Los favores de la fortuna se obtenían más bien en los alrededores de los templos de Mammón, cada vez más numerosos.

¿Podían tal vez ser envidiadas las riquezas del clero, mientras faltaban incluso las señales necesarias que hicieran pensar en su existencia?

Eran los banqueros los que poseían los bellos coches, las mansiones suntuosas, los haras de caballos de carrera, las mundanas cubiertas de joyas, en resumen todo aquello que habría podido engendrar sentimientos malvados, aunque muy humanos, de resentimiento en el corazón de la clase obrera. Pero nada, absolutamente nada en los eclesiásticos, ellos mismos hijos de obreros, o en sus actitudes, podían prestarse razonablemente a despertar estos sentimientos.

¿Por la sola razón que nosotros no creemos en Mahoma desearíamos demoler las mezquitas o asesinar a los *mullah*? Una idea de este tipo nunca se ha asomado en la mente del más malvado, porque, ¿de dónde podría proceder? ¿Se trata, entonces, de sadismo, de perversión sexual o de alguna depravación cerebral causada por alguna patología conocida? Tampoco.

Cosa inaudita, ello sucedía en un siglo de indiferencia religiosa casi total. En ese entonces lo que fascinaba era el maquinismo, mientras que las preocupaciones teológicas, litúrgicas y dogmáticas encontraban pocas instancias de expresión.

He aquí un argumento sobre el cual nuestros contemporáneos cometen la equivocación de no meditar. Que ellos se dignen pensar solamente de dónde puede brotar en el obrero parisino de 1871ese odio tan especial para con el sacerdote que no era su patrón ni su jefe. El sacerdote no estaba particularmente relacionado con ellos. Si al obrero le gustaba ser descreído, el sacerdote se encontraba totalmente fuera de su vida y no ejercía ninguna influencia sobre su futuro. Ni el espíritu ni las costumbres del sacerdote, como se ha dicho, tenían nada que podía despertar su envidia, aún menos la de un pequeño burgués. Lógicamente, para el obrero, y tanto más si era descreído, el sacerdote no debía haber sido sino un transeúnte que se encuentra en la calle, privado de derechos sobre él y de influencias sobre su destino.

¿De cuál profundidad misteriosa podía proceder un odio así? Poner esta cuestión es ya responderla. Esta profundidad misteriosa no estaba por cierto en el alma del tendero y del obrero. Esta sugestión mental venía del exterior. Tenía su origen en los ambientes intelectuales radicales y socialistas y de las logias masónicas. Pero, respondiendo así, el problema no se resuelve; queda tal cual y no se hace otra cosa sino que trasladarlo.

Cuando se razona sobre dichos temas, se olvida siempre una gran verdad sicológica, es decir que, **para odiar una fe no basta no tener esa fe, puesto que el cero sólo puede ignorar, no odiar**: es necesario tener una fe contraria, una fe negativa respecto de la otra fe; y se olvida también otra verdad sicológica, tal vez aún más importante para el tema aquí tratado, es decir, que **para odiar una fe religiosa, es necesario tener otra fe religiosa**. El hecho de tener una fe política, social, patriótica, para decirlo de alguna forma, en rigor, podría explicar indirectamente este odio sólo en una época de intolerancia religiosa, en una época en la cual la religión estuviese íntimamente conectada con la política, las relaciones sociales o internacionales, al punto de llegar a influir efectivamente sobre el carácter de todo eso.

Ahora, si existe un siglo en nuestra época que, recibiendo sin duda muchos reproches, éste, sin embargo, no lo merece en absoluto, este es propiamente el siglo XIX y sobre todo, la primera mitad de él. No es en la fe política, económica y social de los grupos masones, radicales y socializantes, sino exclusivamente en su fe religiosa anticristiana que nosotros debemos buscar el horror profundo y satánico que a ellos les inspiraba el cristianismo y, más en especial, la Iglesia Católica Romana.

Esta aversión implacable se comunicaba a la clase obrera y a la pequeña burguesía, mediante miles de canales subterráneos, sabiamente aplicados a dicho objetivo. Y una fe religiosa de este tipo en los ambientes subversivos dirigentes no era, como muchos de nuestros contemporáneos ingenuamente creen, el accesorio de la política o de la economía: era y es, en cambio, precisamente lo esencial de la subversión mundial; y es la política, la economía o la étnica, según razones variables de oportunidad, que éstas constituyen el accesorio de ella.

Este mal metafísico por excelencia continúa entre los hombres; es la rebelión del ángel que dijo: *non servam*. Prolonga el pecado del Edén, puesto que los hombres han creído, desobedeciendo, volverse semejantes a Dios y poder gobernarse por sí solos, negando toda autoridad superior.

Tenemos una prueba luminosa en la Rusia actual. En el campo económico vemos aquí ampliados e intensificados los peores procedimientos de la servidumbre del capitalismo o del abuso de un cierto medioevo: es la miseria de los humildes y el desastre de los ricos, con el provecho sólo de un ínfimo estrato. En el campo político, es una oligarquía aristocrática al revés que gobierna al pueblo con mano de hierro. Pero la fe religiosa y todo lo que a ella se relaciona, está aquí, en las antípodas del ideal cristiano, como una antítesis está a su tesis.

Esto es suficiente para que todos los elementos «progresistas» del mundo entero estén de acuerdo en solidarizar con dicho estado de cosas que, sobre la base de los principios puramente profanos que sólo ellos pretenden profesar, debería, en cambio, ser condenado del modo más vehemente.

Este vínculo, que une los diversos exponentes de la subversión mundial, como se ve, no es una fe de carácter profano o laico. Es algo mucho menos vistoso, pero infinitamente más permanente y profundo. Este vínculo es una fe religiosa, una fe anclada profundamente en el alma de los prosélitos, una fe que no sólo ha tenido aprovechadores, pero, debemos admitirlo, también apóstoles desinteresados, los cuales, por ella han soportado persecuciones y vertido su sangre.

Aquí nos encontramos frente a un misterio metafísico insondable para la inteligencia del hombre, inclusive la más elevada. ¿cómo concebir que haya hombres capaces de inmolarse por un amor desinteresado por el mal, sin esperar uada, ni para sus almas inmortales, ni para los bienes mundanos de sus hijos o de quienes ellos aman, puesto que en muchos casos, ellos llegan a sacrificarse y a sacrificar fríamente, con el sentimiento de cumplir un siniestro deber?

Se trata de hechos innegables y tan positivamente comprobados de la historia de todos los países y los tiempos, incluido el nuestro, que no podemos dejar de admitirlos. Si queremos encontrar una explicación, buscaremos en vano en nuestra lógica humana, puesto que una sola ciencia nos la puede proporcionar. Y esta ciencia, nuestros lectores agnósticos nos lo perdonen, es la teología tradicional.

Nosotros encontramos en ella los dos tipos de desinterés sobrehumano y absoluto: el del Ser, que por cuanto omnipotente, no puede aumentar su natural esplendor: Dios; y el del Ser que no puede agravar más su degradación: Satanás. El bien supremo y el mal supremo son, luego, los dos tipos perfectos de desinterés y, puesto que en este mundo todo de allí procede, el desinterés de algunos hombres en el mal es así explicable, tanto como aquél de otros hombres en el bien. Hacer el mal sólo por interés, por cálculo o para la satisfacción de la carne, no es sino debilidad de la carne. Salvo pocas excepciones, casi todos están en este nivel: al nivel de las masas, no de verdaderos guías espirituales que dirigen en la historia la gran ofensiva del mal sin hacerlo ni por interés, ni por debilidad carnal, ni por conveniencia. Ellos lo hacen por amor, por aquel amor negativo que es el odio hacia todo lo que procede de Dios.

**Existe una corriente de satanismo en la historia, paralela a la divina, del mismo modo desinteresada, en perpetua lucha con ella.**

Este odio misterioso y profundo es de naturaleza superior y distinto de todo otro odio encontrable en la historia, que puede ser feroz y culpable, pero teniendo siempre causas estrictamente humanas, como la envidia, el orgullo, el rencor y la venganza. No tiene ese carácter permanente que tiende hacia el mismo objeto, sin que éste nunca proporcione la causa, por el hecho mismo de su referencia a alguna cosa bien determinada y precisa, a causas tangibles proporcionadas al efecto, no existe un odio normal que tenga ese carácter espantable de un flujo de histerismo elemental, que lleva a pensar involuntariamente, se quiera o no, a la obsesión demoniaca.

**Un odio de esa naturaleza tiene en sí un elemento que sobrepasa la razón y está más allá de lo ponderable. El corresponde a una crisis misteriosa cuyo dominio no es el cuerpo sino el Espíritu.**

Después de la *Commune*, la llama revolucionaria volvió al subsuelo, donde incubó durante cuarenta años, con alguna brusca y violenta llamarada aquí y allá.

En 1789 el incendio había deYastado Francia.

En 1848 él se había extendido por Europa.

En 1914 el mundo entero ardió con la Gran Guerra. Preludio de mundiales subversiones sociales, de las que el bolchevismo es la primera manifestación concreta.

# Capítulo X

## 1914 - 1918: EL DOBLE ROSTRO DE LA GUERRA MUNDIAL

Cuando la orden de movilización general resonó desde los Pirineos hasta los confines de la China, la impresión que tuvieron los diferentes pueblos fue más de estupor que de consternación. No se daban cuenta apropiadamente de cuanto acontecía.

Para la mayoría, la guerra quería decir una o más grandes batallas, con algún día o semana de intervalo. Después de que, prescindiendo de algunas regiones, donde la frontera sería trasladada alguna decena, difícilmente un centenar de kilómetros, todo volvería a ser como antes.

Debido a la potencia de los armamentos modernos, vueltos extremadamente mortíferos por las aplicaciones de la física y de la química, se temía sólo que esta vez el número de muertos y de heridos fuese muy superior respecto de aquello que hasta ahora se había verificado.

Una guerra de este tipo, y además, en la época de la circunscripción universal, no podía tampoco ser una guerra en encajes, como en los tiempos en que sólo las elites tenían el derecho de servirse de las armas. Por cuanto esto disguste a los adoradores de la democracia, la bestia predomina en los estratos inferiores de la especie humana, y las guerras modernas no han hecho otra cosa que confirmar una vez más aquello que la sublevación plebeya y las revoluciones, donde actuaron dichos estratos, habían demostrado desde hacía ya tiempo.

Uno de los méritos de las civilizaciones tradicionales ha consistido precisamente en hacer del oficio de las armas un «noble oficio», reservado a los mejores y considerado como un privilegio, que implica deberes indiscutidos conocidos bajo el nombre de código de honor.

Por otra parte, una guerra moderna, es decir, una guerra de naciones y no de simples ejércitos, busca la destrucción de la producción económica del enemigo tanto como la de su fuerza combativa propiamente dicha. Ella hace, luego, de las devastaciones una especie de deber estratégico y, por ese camino, es ya necesariamente inmoral, en sí y en sus métodos. Y esto se deja sentir más crudamente apenas ella se desarrolla sobre el territorio adversario.

En compensación, se esperaba que este mal se resolviera, en cierto sentido, en un bien, porque el conflicto resultaría por ello abreviado.

La convicción general era que la guerra, comenzada en agosto, habría durado dos o tres meses, como máximo, hasta los primeros fríos.

Se creía que Rusia sería puesta rápidamente fuera de combate, mientras que en Occidente el éxito habría sido incierto, tal vez con una leve ventaja para Alemania. Las potenciasoccidentales, encontrandoentonces inútil sufrir pérdidas incalculables para defender la integridad de Rusia, habrían tratado con Alemania, la cual, no teniendo motivos suficientes para presentar exigencias a Occidente, habría podido recuperarse cien veces hacia Oriente. Así, una paz ventajosa para ambas partes habría podido ser estipulada, paz en verdad sin vencedores ni vencidos, si se exceptúa Rusia, sobre la base de la división de esta última o de una parte de ella, en zonas de influencia que se asignarían a las partes beligerantes, «pero salvaguardando la soberanía del zar», así como se había salvaguardado la soberanía del Sultán en Bosnia, en Creta y en Macedonia.

Esta solución habría representado, por un largo período, el fin de la congestión de los pueblos civilizados, que es una de las principales causas orgánicas de la guerra y que en ese tiempo se pensaba ingenuamente, que fueran las únicas en actuar.

Haciendo abstracción de lo que se tramaba entre las bambalinas y que sólo los iniciados podían saber, los primeros eventos de la Gran Guerra daban plena razón a dichos pronósticos. Apenas después de algunas semanas, el grueso del ejército alemán fue detenido en su avance hacia París y obligado a atrincherarse, no derrotado y aún menos vencido, en las memorables jornadas del Mame. Simultáneamente, en la gran batalla del Tannenberg el grueso y la «flor y nata» de las tropas rusas era literalmente aplastadas por un pequeño contingente de las fuerzas alemanas.

A partir de dicho punto, la guerra había terminado, en el sentido que el resultado final podía ser fijado con anticipación. Dicho resultado no podía ser más que el complemento de la batalla del Mame a Occidente y de la batalla del Tannenberg al Oriente. Las dos batallas contenían ya en potencia los cuatros años de inútiles masacres que habría de seguir, así como una semilla contiene en germen el árbol.

Aquellos que habían pensado que la guerra no debía durar más de dos o tres meses, no se habían, en el fondo, equivocado, porque, en cualquier otro siglo y en cualquier otra época, la guerra habría terminado con aquellas batallas. Una detenía a los alemanes **allí donde ellos no debían ir**, allí donde era irracional que fueran, porque, yendo, habrían solamente acrecentado la congestión general a partir de la propia.

Esta primera batalla, el Mame, contenía una advertencia, escrita con letras de sangre, que les demostraba plásticamente que no era ese el camino correcto, el que no debía pasar obligadamente por París.

La otra batalla, Tannenberg, abría en cambio, a los alemanes, las puertas de las inmensidades ruso-asiáticas **allí donde ellos debían ir**, donde su avanzada podía significar el inicio de la descongestión de los pueblos civilizados, puesto que allí había lugar bajo el sol en abundancia, no sólo para los alemanes sino para todos aquellos que hubiesen tenido la sagacidad de seguir su ejemplo. En aquellas vastas extensiones, ni los unos ni los otros se habrían molestado entre sí y no habrían tenido razón para eliminarse.

Aquellos que habían pensado que la guerra no podía durar más de dos meses, se habían, desde luego, equivocado en la práctica. Pero se habían equivocado sólo por haber pensado de buena fe que la guerra tuviese, por ambas partes, el objetivo de una utilidad efectiva, ignorando la presencia y la omnipresencia de un factor omnipotente, de aspiraciones y de intereses extraños a todo lo que era saludable y ventajoso para cada uno de los beligerantes, es decir, para todos.

En una Europa compuesta por monarquías tradicionales, con jefes que en buenas cuentas no tuvieran que tomar en consideración las contingencias y las influencias ocultas que actuaban en detrimento del bien verdadero de las poblaciones; en una Europa en que el capitalismo anónimo no hubiese controlado todos los resortes de la vida personal y colectiva, haciendo girar las ruedas en el sentido opuesto a aquel de los fines a que estaban destinadas, la guerra no habría durado, por cierto, más de dos o tres meses. La solución de liquidarla rápidamente y a favor de todos, probablemente era la ya delineada más arriba.

Dicha liquidación, rápida y ventajosa, de un cataclismo espantoso que amenazaba con extenderse todavía, y de europeo que era, transformarse en mundial, se imponía a todas las mentes lógicas y a todos los corazones sinceros. La lógica, la evidencia, la verdad son cosas que poseen, a pesar de todo, una gran fuerza intrínseca, la que amenazaba con irrumpir como una avalancha desde los corazones y los cerebros angustiados.

Había, en ello, un inmenso peligro para el frente oculto de la subversión mundial y era necesario conjurarlo a cualquier precio, antes que fuera demasiado tarde. La propaganda, aquella que fabrica la opinión pública de las multitudes, se lanzó compacta en esta lucha suprema. **Fue otra guerra paralela a la tangible**, sin la cual esta última habría durado menos meses de lo que ella duró.

La mencionada campaña de la subversión se escondió bajo ropajes nacionales y se hizo pasar por «políticamente correcta». La mentalidad humana fue el campo de batalla en el cual ella hizo estragos, los que, por ser menos vistosos, no fueron menos terribles que aquellos que la otra conseguía en su propio dominio.

**La historia de esta guerra aún no ha sido escrita**. El día en que lo sea, la humanidad quedará aterrorizada, y si dicha humanidad no es la de hoy, porque en la de hoy no han desaparecido aún los efectos de aquella obra, de aquella sugestión embrujada, ésta estará ciertamente constituida por las generaciones futuras.

Los sucesos políticos que tuvieron lugar a partir de 1914, si fuesen considerados según los principios lógicos de la política internacional tal como la historia nos lo enseña, no constituyen sino una madeja de contradicciones. Dichos acontecimientos se vuelven, en cambio, clarísimos e inteligibles a la luz de esta verdad: **la Gran Guerra no fue sino una fachada, detrás de la cual se escondía la revolución en marcha**.

Cada quién sabe que la guerra fue una tragedia sin par, y estadísticas detalladas nos dicen el número de muertos y mutilados de ella, de las ciudades por ella destruidas, de los campos devastados, de los monumentos históricos irreparablemente dañados. Este argumento ha sido tratado por numerosos autores de todas las naciones beligerantes. No perderemos tiempo repitiendo aquello que es universalmente conocido. Aquí tendremos que ocuparnos más bien de otro género de daños, de los cuales, singularmente, se ha hablado poco y que, sin embargo, en sus consecuencias lejanas e históricas, son incomparablemente más graves que aquellas heridas sobre las que pasará el tiempo y un olvido inevitable cicatrizará.

Sin distinciones de país y de régimen, la guerra mundial propició ante todo el adviento de ideales subvertidores. Estos ideales, que las peores revoluciones precedentes sólo habían bosquejado, ella en cambio los introducirá en la vida práctica, en las costumbres y los hábitos humanos, sin la aceptación, aún incluso con una declarada resistencia de parte de aquellos a quienes se les habían impuesto; esto, por la simple razón de que la guerra no habría podido durar y continuar, si aquellos no hubiesen sido infundidos.

Es conocido el famoso postulado de Rousseau, que está en el punto de partida de dos siglos de subversión: «la libertad consiste en la completa alienación de cada individuo asociado, con todo lo que posee, a beneficio de la comunidad». Se trata naturalmente, de una comunidad desacralizada y materializada, que constituye la extrema razón de sí misma y opone su colectivismo, tan irracional como omnipotente, a toda ley procedente de lo alto, además de todo aquello que tradicionalmente valía como dignidad y libertad de la personalidad humana.

La guerra mundial ha tenido por consecuencia la salida de estos principios de los laboratorios sociológicos y su aplicación directa en la existencia cotidiana de todos los hombres. En su prolongarse, ella debía fatalmente hacerse «total», y esta totalización debía, también fatalmente, traducirse en una norma general de vida y así sobrevivir a la necesidad del estado de guerra que la había propiciado.

El postulado ahora mencionado de Rousseau, si reflexionamos sobre su significado, contenía en germen el conjunto de las posibilidades, no sólo democráticas sino también socialistas y comunistas que de las primeras son la lógica consecuencia.

Entonces, por las necesidades excepcionales de una guerra sin precedentes en la historia, han logrado que esta utopía, inverosímil y desconcertante, haya sido incorporada a la vida.

Lentamente, progresivamente, de forma extraordinaria que había sido, ella se traspasó a la cotidianeidad, en aquella segunda naturaleza del hombre colectivo formada por las costumbres.

Por lo demás, la socialización no era oficial y jurídica, ya que los grandes propietarios, industriales o terratenientes, seguían siendo tales. Se les tributaba el mismo respeto de antes y ellos conservaban un papel relevante; pero ahora, el papel de definir la política de la producción general era un papel, propiamente hablando, de funcionarios de la colectividad, bajo el estricto control de ésta. No eran propietarios ya, en el sentido tradicional del término, no eran dueños, después de Dios, de la propiedad de sus ancestros, con la sola condición de respetar leyes que ningún ser normal y civilizado trata de transgredir y que encuentran su tutela en la autoridad suprema e inexpugnable de los jefes.

Nadie pareció darse cuenta que este estado de las cosas realizaba de hecho el programa socialista, cuya condición esencial es el control del estado materializado sobre toda producción, y más explícitamente, sobre toda fuente de utilidad, además de una distribución igualmente estatal de dicha utilidad: el resto siendo, en el programa socialista, sólo un accesorio demagógico.

Ese es el capitalismo de estado, del que habla Lenin y que él, en numerosas obras, define como la penúltima etapa, como la antesala de su paraíso.

El paso desde este estado de cosas, que los escritores bolcheviques más notorios, con Marx y Lenin a la cabeza, llaman preliminar y auspician a aquél directamente profetizado por los apóstoles del orden nuevo, no exige ya una revolución social: basta una revolución de palacio, o más bien, de gabinete.

**Al capitalismo de estado** le sigue aquello que Lenin llama **el capitalismo del estado proletario**, que, por su explícita confesión, es el actual régimen de la Rusia soviética.

En cuanto a las masas, para quienes el movimiento subversivo nutre un desprecio infinitamente mayor de aquel que se suponía que abrigaban las antiguas aristocracias, su papel consistiría solo en gritar: «el rey ha muerto, viva el rey», y cumplir una peregrinación a la tumba de un Lenin cualquiera, tal como antiguamente lo hacían a la tumba de los santos.

Para los no iniciados, el nuevo monarca será el pueblo compuesto por los campesinos y los obreros, cuya voluntad se manifestará a través de los consejos directamente elegidos por ellos: *soviety*, al plural en ruso.

Para los iniciados, las confesiones de Lenin llegan hasta este punto; el nuevo monarca será el Partido Comunista, investido de la tutoría del resto de la población pobre, hasta el día indeterminado en el que ella deje de ser menor de edad.

Aclimatando al socialismo, hasta entonces considerado como una quimera irrealizable, en la forma de una centralización de guerra, los mismos imperios centrales, tanto como las democracias aliadas, han preparado el camino a aquella subversión que debía ser el gran fenómeno de la postguerra. Y se han encaminado en esta dirección, no porque lo hayan querido, sino porque la configuración geográfica de sus países, respecto a las necesidades del estado de bloqueo, impuso una concentración más completa de las fuerzas productivas en manos del estado. Una situación de este tipo exigía el control más riguroso de la propiedad personal y de la personalidad humana, equivalente a un control social que se acercaba al ideal socialista y a aquello que Rousseau había considerado como la última palabra respecto de la libertad de facto.

No se debe creer, sin embargo, que los dirigentes de las dos grandes monarquías «reaccionarias», descendientes casi siempre de familias de grandes propietarios, fueran una especie de locos, no conscientes de lo que hacían. Con la sola reserva, que tal vez sobrevaloraban en parte las virtudes tradicionales de sus pueblos y la inmunidad de estos frente al virus (al respecto, como posteriormente quedaría demostrado, ellos no se habían equivocado completamente), ellos estaban perfectamente conscientes de los peligros mortales implícitos en su conducta. Sin embargo, no podían actuar de otro modo, encontrándose finalmente entre la espada y la pared.

Si la *espada* era el espectro temible de un encaminarse progresivo a la transformación sustancial de la mentalidad de las clases trabajadoras, grávida de posibilidades revolucionarias, la *pared* era el miedo de una revolución inmediata bajo la señal de la fatal inspiradora de todas las subversiones sociales: el hambre.

Dicha posibilidad podía ser evitada, o por lo menos reducida con la sola condición de empujar la producción hasta el límite extremo, sobrepasándolo incluso con la invención y el empleo de sucedáneos.

Entre las dos posibilidades, ellos eligieron la menos inmediata, la menos inminente. Se encontraban en la situación trágica de quien resbala sobre un plano inclinado hacia un abismo, donde, con plena conciencia, sabe que al final deberá precipitar, sin alguna posibilidad de frenar ni poder esperar otra cosa que un acontecimiento providencial capaz de salvarlo antes que sea demasiado tarde. Un acontecimiento de este tipo podría haber sido sólo una victoria decisiva que, por Jo demás, sobre el frente occidental del Mame se había vuelto muy problemática.

Quien sostiene que los antagonismos entre los intereses económicos hayan determinado la gran conflagración no se equivoca. Sin embargo, se equivocan cuando creen que dichos antagonismos hayan tenido un poder fatal.

**La causa verdadera de la guerra fue el deseo de cambiar la estructura interna de la sociedad en general y de adelantar de un gran salto la marcha de la subversión mundial.**

He aquí la consigna, grávida de un profundo significado, que está a la cabeza de todos los sucesos de la historia moderna y que nunca debe ser perdida de vista por quienes deseen sinceramente no extraviarse en los inextricables meandros de ella.

La guerra era la nueva ofensiva de la Revolución Francesa, preparada desde hace décadas por una retorcida diplomacia que, deliberadamente, estuvo orientada hacia una dirección diametralmente opuesta a la del sentido común.[38]

Ahora bien, la revolución no se preocupaba en absoluto de devolver la Alsacia y Lorena a Francia, el Trentino a Italia o de gratificar a Inglaterra, enriqueciéndola con un cierto número de negros. Los cambios de las fronteras políticas no podían aventajarla en nada. Estas bagatelas ella las abandonaba a los nacionalismos ciegos, que tanto habían bregado para ofrecerle un banquete triunfal. Su gran preocupación y el fin verdadero de cuatro años de exterminio sin par, era hacer desaparecer los últimos bastiones que representaban una amenaza para la seguridad del progreso democrático, como más tarde tuvo a bien a declarar el mismo presidente Wilson.

Por otra parte, ya no era necesario tomar en cuenta la susceptibilidad del zar, víctima inconsciente de su inconcebible locura; y no se tardó en proclamar abiertamente cosas de este tipo al mundo entero. Esta efusión no fue sino la compensación de quienes se habían impuesto un esfuerzo penoso para custodiar por tanto tiempo el secreto que rebasaba sus corazones.

Después de que el emperador fuese « invitado » para « hacerse ahorcar a otra parte », cosa exacta, aunque no sea la verdad textual, se le sustituyó con un « compadre » americano que estaba bien « adentro » del verdadero significado de las cosas. Por fin estaban solos, en familia. ¿Por qué entonces

---

[38] Nota de la edición en italiano: A propósito véase el libro del vizconde León De Poncins, *Société des Nations, Super État Maçonnique*, París 1936. En él se rinde cuenta de un congreso de la masonería internacional en París en el verano de 1917, donde el significado de la guerra mundial aún en curso, fue abiertamente declarado e incluso fueron anticipados los futuros tratados de paz y la estructura de la futura Sociedad de las Naciones, con precisa conciencia de su finalidad subversiva y al servicio exclusivo de las fuerzas secretas de la revolución.

seguir frenando la lava de las efusiones democráticas, que tan penosamente habían contenido hasta entonces?

Se expresó una alegría sin disimulo y sin la más elemental consideración hacia masas de hombres que seguían sufriendo y haciéndose matar por presuntos ideales.[39]

Gracias al lento trabajo de las termitas sociales, no se reconoció sino la propiedad anónima o socializada en el campo económico y la autoridad anónima en el campo político. Ya no se concibió el heroísmo, más que bajo el velo del anonimato y del impersonalismo democrático. Las futuras tumbas de los «soldados desconocidos», que debían ser exaltados no sólo por sobre los grandes jefes que vencieron en la guerra, sino también por sobre héroes más modestos surgidos de entre el pueblo, y cuyo nombre y cuyas tumbas son conocidas, debían ser la prueba tangible de la mentalidad humana resultante de los valores colectivos, paciente e incansablemente inculcados.

Según el cálculo de probabilidades, es muy verosímil que el «soldado desconocido» francés, inglés, italiano o polaco, haya sido un hombre del pueblo; y ello es suficiente para que

---

[39] Nota de la edición en italiano: Respecto de Italia, puede ser interesante destacar el siguiente párrafo tomado del libro de Maria Rygier, *La Franc-Maçonnerie Italienne devant la guerre et devant le Fascisme*, París, 1929, pág. 42: «El Gran Oriente, con ocasión de la entrada en guerra de Italia, debía enviar un mensaje a ese pueblo que le había testimoniado su confianza. En el proyecto de manifiesto, que fue sometido al examen de las autoridades masónicas competentes, quedaba constancia del papel desarrollado por el Gran Oriente en la campaña intervencionista, y el éxito que había coronado su esfuerzo era mostrado con la debida importancia. Estas frases fueron eliminadas del texto definitivo y fueron reemplazadas por una frase convencional que decía que la guerra declarada era el cumplimiento de los votos y de las profecías de los mártires y de los profetas del Risorgimento, cnya enseñanza y ejemplo habían sido siempre recomendadas en las logias masónicas para la meditación de los adeptos. La decisión del Gran Oriente fue motivada, como el protocolo atestigua, por la preocupación de no perjudicar la unión sacra, haciendo sentir a los católicos, y sobre todo, a la gran masa de los indiferentes, que los soldados de la patria combatían y morían por una causa de la cual la masonería era la abanderada».

sea tácitamente sobrentendido y para que este nuevo culto actúe sobre las masas. Se hará de él, luego, muy ingeniosamente, un campeón anónimo, cuya personalidad popular hará de contrapeso, en cierto modo, al prestigio personal de los jefes y de los «héroes» conocidos, los que tienen el gran defecto de constituir, frente al mundo, un flagrante testimonio de desigualdad y de dar, con ello, un desmentido formal a la teoría democrática que reduce al hombre a ser una parte sin rostro del ente colectivo.

Hay que reconocerle a la democracia la virtud de una loable franqueza en los últimos dieciocho meses de la guerra mundial. Ella no ha fingido ningún misterio respecto de que la masacre continuaba exclusivamente para el logro sus fines.

Los objetivos de la guerra mundial estaban bien definidos en la mente de los ambientes anónimos que la querían total.

Dichos objetivos eran los siguientes:

La demolición del imperio de los Habsburgo, para ser sustituido por un hormiguero de repúblicas radicales incapaces de una vida económica propia.

La putrefacción comunista del imperio medieval asiático de los zares y su transformación en un vivero de microbios para la futura revolución mundial.

La creación de una república polaca que debería ser ardientemente democrática y, por la regulación absurda de sus fronteras, en un estado de hostilidad latente, permanente y forzosa respecto de Alemania. Se temía, en esta última, el despertar de la contrarrevolución y por añadidura, la fatal tendencia de expandirse hacia Oriente, lugar sacro ya de la orgía bolchevique.

A todo esto debe añadirse la evolución democrática de la mentalidad humana, resultado de la inversión de todos los valores de la personalidad humana. Era, de hecho, necesario que el ambiente europeo deviniese en un medio apto para el cultivo de los microbios que, mientras tanto, se cultivaban en Rusia.

La evolución, en sentido capitalista o socialista después de la introducción de la economía colectiva en los países que, hasta entonces, se habían defendido especialmente de ella, no debía tampoco ser descuidada, puesto que colaboraba a la evolución democrática y contribuía a la preparación del medio antes mencionado.

Debemos tomar también en cuenta el incremento prodigioso del endeudamiento mundial, para máximo provecho de la alta finanza internacional hebraica y de la ubicuidad del capital prestado a las pequeñas y grandes democracias.

Finalmente, el propósito por excelencia, aquel que englobaba y coronaba todos los otros, era el necesario agotamiento físico, material y moral, el cansancio, la irritación, a fin de conseguir que, después de la guerra, la confusión de las ideas y de los valores, de los vencidos y de los vencedores, fuesen tales, que impidiese a cualquier estado tomar la ofensiva contra la irradiación de ese contagio del que Moscú devendría en su centro.

Así creemos haber hecho una reseña de todo lo que puede considerarse esencial y primario en las ideas directrices de los mencionados ambientes que, después de haber hecho inevitable la guerra, la quisieron hasta el fondo, a tal punto que estos procesos tuvieran el tiempo suficiente para proveer frutos subversivos bastantes maduros que fueran posteriormente cosechados.

Después de tres años de guerra y de sufrimientos inenarrables, este estadio fue alcanzado.

El frente oculto de la subversión internacional, cuyas células habían trabajado prolijamente con la palabra y la pluma, y cuyas sugestiones se habían proyectado sobre todos los puntos vulnerables de una sensibilidad en extremo aguda,disfrutabaya del triunfo,el que presentía desde hace tiempo, y que era el verdadero motivo de la guerra. Sin embargo, no demostraba mucha alegría respecto de Rusia, donde, si elzarismo agonizaba, podria aún ser capaz de recuperarse, tal vez, *in extremis*. Pero, una vez desaparecido este último escrúpulo, la verdad tan largamente reprimida, apareció.

El presidente Wilson se hizo su heraldo y dio el impulso a la manifestación casi improvisa de un nuevo estado de ánimo que no había nacido de sí mismo, ya que nada puede nacer automáticamente.

Fue algo similar a esos incendios de los bosques, que dormitan un tiempo en el humus de la tierra, desgastan las raíces de los árboles y luego, repentinamente, irrumpen en llamas y se elevan hasta la cima de los árboles ya semi-secos, pero conservando aún una apariencia de vitalidad vegetal.

A partir de ese momento, la guerra había realizado gran parte de la obra que, en la mente de quienes la habían secretamente preparado, o por lo menos, dirigido, ésta había conseguido su razón de ser.

La democracia europea estaba ya entonces bien organizada y potentemente intensificada. En Occidente, ella estaba flanqueada por la democracia americana. En Oriente, se le ofrecía como modelo el sistema soviético, ansioso de superar todos los records del «progreso».

En su séquito tenía también a las «jóvenes» democracias, ellas mismas más democracias que nacionalismos, comprobándose que el proceso en Polonia, en Bohemia, en Croacia, en Lituania y en las otras creaciones, de una paz que debía completar la obra subversiva de la guerra, había sido similar.

Desde este momento, la democracia podía hablar en voz alta y dejar de lado los disfraces ya superfluos. Ella ya no debía titubear al confesar, frente a un mundo consternado, la odiosa verdad. No en vano habían corrido ríos de sangre y aún corrían (era apenas el año 1917) puesto que ella, potencialmente, se había transformado en dueña del campo de batalla.

La así llamada guerra de las naciones no ha sido sino el conflicto esperado y preparado por todo un engranaje complicado de maniobras e intrigas ocultas. Ella ha sido el duelo entre la revolución y la contrarrevolución. He aquí el único y profundo significado de la Primera Guerra Mundial.

Nunca antes la democracia se había encontrado en una situación tan brillante: ella nunca había tenido la ocasión de superar tan felizmente su examen ante la atención de las cinco partes del mundo. Sin embargo, en el momento de pasar de la teoría a la práctica, tendrá lugar un quiebre tal, como nunca antes se había visto algo similar. Ante la prueba, la democracia ha sabido sólo revelar al mundo entero su incapacidad y su terrible destructividad.

# Capítulo XI

## Los tratados de paz. El trastocamiento de Europa y la Sociedad de las Naciones

El objetivo de la famosa y penosa Conferencia de París fue la legalización y la consolidación de las nuevas conquistas. No se trataba de las conquistas de Francia ni de Inglaterra, las cuales constituían lo accesorio, sino de aquellas del progreso revolucionario y democrático, que constituía lo esencial.

Numerosos congresos internacionales ya hubo en el pasado. En el siglo XIX había tenido lugar el de Viena en 1815, el de París en 1855, el de Berlín en 1878, dejando de lado los de menor importancia y los de otros siglos. Sin embargo, nunca hubo ninguno parecido a la Conferencia de París de 1919.

No se trató de una conferencia donde se «confiere», donde se discute y se negocia, sino de una especie de Corte Suprema de la historia, donde, a la luz de la democracia, el mundo debía ser juzgado.[40]

---

[40] Nota de la edición en italiano: Como todos saben, ello se repitió en forma drástica después de la Segunda Guerra Mundial y tuvo su ápice inaudito en los Juicios de Nüremberg.

Delante de dicho «tribunal», en calidad de culpables o acusados, debían aparecer regímenes y concepciones históricas.

Individuos y pueblos, llenos de ansiedad unos, otros de esperanza, esperaban el resultado de esta gran conferencia, como si se tratase del Juicio Universal. Todo debería desarrollarse en el mismo modo previsto por los textos sacros, pero con una inversión: los buenos, los justos, las ovejas y los corderos estarían todos a la izquierda, mientras los malos, los «chivos», estarían todos a la derecha y desde allí serían precipitados a la Geena[41] de los lamentos y del rechinar de dientes.

No habiendo ya ni príncipes belicosos ni nobles ambiciosos que oprimieran los humildes y los desheredados, a partir de ese momento memorable, la justicia reinaría sobre la tierra. Y en un Edén perfeccionado, donde prosperaban los «inmortales principios» y donde sólo los frutos de la Revolución Francesa y del *Manifiesto Comunista* no serían frutos prohibidos, se iniciaría una nueva Edad de Oro.

La Conferencia debía por tanto ser unilateral.

En todas sus sesiones, ella actuó como la corte que se retira para deliberar y delante de la cual los acusados, es decir la parte adversaria, debía aparecer sólo para oír el veredicto.

Alemania, Austria, Hungría, Bulgaria y Turquía eran los «criminales». Tardíamente arrepentidos de haber pecado

---

[41] Bajo la concepción hebrea la Geena es el lugar de la ciudad donde son destruidos por el fuego los residuos y los desechos. Analógicamente, en el cristianismo las almas de los réprobos bajan para su condenación eterna al infierno que es un paralelismo de la Geena; una imagen traspuesta al más allá de la Geena hebraica. En consecuencia, para el hebraísmo la Geena existe en el plano material y para el cristianismo sólo existe en el plano espiritual.

contra la democracia, estos estados, como los penitentes del medioevo, esperaban, sin tener derecho a voz, en las «tinieblas exteriores», el «Jueves Santo», en el cual ellos serían introducidos en la iglesia democrática.

La Conferencia de París difiere de todas las que le precedieron aún en muchos otros puntos. No eran ya los grandes, los reyes, sus ministros, sus partidarios o favoritos, en una palabra, los clanes privilegiados que, decidirían la suerte de los «pueblos infelices», que ellos intercambiaban, recortaban y distribuían como «cabezas de ganado», según lo que había sucedido en las épocas del «oscurantismo» y de la «barbarie». Esta vez el progreso parecía consistir en el hecho, que los pueblos mismos, finalmente liberados, habrían decidido su suerte.

En consecuencia, se estimaba que estos pueblos de más de cien millones de americanos, de más de ciento cincuenta millones de europeos, y de un gran número de asiáticos, sin contar africanos y australianos, habrían deliberado por boca de Wilson, Lloyd George y Clemenceau en los salones del Quai d'Orsay.

La Conferencia de París pretendía ser una libre discusión de los pueblos liberados iguales entre ellos.

En realidad eran los «tres grandes», aquello que los ingleses y americanos llamaban los *big three*, que constituían la corte suprema designada para juzgar al mundo, a las naciones y a los individuos.[42] Ella debía juzgar según la justicia

---

[42] Nota de la edición en italiano: En verdad había un cuarto, el presidente del consejo de Italia. Pero la voz de Italia, por cuanto esta nación fue en primera instancia neutral y luego se unió a los aliados, constituyendo con ello un coeficiente importantísimo en el desarrollo de la guerra mundial, apenas fue escuchada en París. El representante italiano fue obligado a dejar la conferencia e Italia sería luego una de

democrática, según un código nuevo, sin cuentas que rendirle a ninguna de todas esas cosas caídas en desuso y caducas que son la ley natural o el derecho romano.

El nuevo código era considerado como la última expresión del «progreso humano» respecto de todo aquello que le había precedido en la historia de la civilización. No existía en consecuencia un criterio más alto, y su interpretación quedaba reservada en exclusiva a los tres grandes justicieros; revestidos de una infalibilidad certificada como legítima, en virtud de la ficción, Lloyd George, Wilson y Clemenceau no serían ya más hombres, sino que «pueblos».

La prensa hebrea y hebraizada, que tiene por misión fabricar la opinión pública y hacerle tragar estoicamente los absurdos más inverosímiles, suministró esta ficción a las masas, la cual aceptó como legítima moneda.

Sólo los «tres grandes» eran los jueces y los intérpretes de esta nueva ley moral, cuyos cánones ni siquiera estaban escritos, pero que habrían tenido por objeto los más altos intereses de la humanidad.

Clemenceau, Lloyd George y Wilson estaban luego llamados a desempeñar un papel tal, que lo menos que se puede decir, es que éste no tenía parangón en la historia del hombre.

Los parlamentos de las tres democracias más parlamentaristas del mundo, y que ellos representaban, habían súbitamente cesado de hablar, como si se hubiera transmitido

---

las primeras naciones que se declararon a favor del revisionismo y contra los tratados de paz.

una consigna, y sin consultar a nadie, ellos solos podían dividir Europa y una parte del Asia como se hace con un pastel.

Ahora, los tres trataban, como mucho cuidado, de no disgustar al hebreo, que «se preparaba a caminar por el mundo a grandes pasos». Por lo menos, todo se desarrolló como si precisamente ésta hubiese sido su principal preocupación en dichas horas históricas.

Toda la obra de la Conferencia de París se resume en lo siguiente: para empezar, ella creó el mayor número de naciones soberanas posibles, lo que implicaba por definición, una gran cantidad de intereses contradictorios, que podrian, en verdad, haber sido atenuados; luego, como si ella hubiera querido anular esta posibilidad de atenuación, la conferencia delimitó tales nacionalidades de modo tal que sus intereses, y en muchos casos, sus mismas necesidades vitales aparecerían, bajo todo punto de vista, irreconciliables; finalmente, ella instituyó la Sociedad de las Naciones, asamblea platónica privada de fuerza y de toda posibilidad verdadera de sanción, que no respondía a ningún interés corporativo definido, y que en teoria era la encargada de conciliar, lo más demorosamente posible, sin otros argumentos que el miedo por lo peor, lo que en la práctica es inconciliable.

El caos europeo que ha seguido a la Primera Guerra Mundial no era debido, como se pretendió presentar, al mal carácter o a la maldad colectiva de este o aquel grupo étnico o político, y tampoco era debido, como se quiso hacer creer, a los rencores y odios originados por la guerra, puesto que estos rencores son siempre momentáneos y tienden invariablemente a atenuarse. Un estado de cosas de esta clase no era sino la consecuencia directa y lógica creada por la Conferencia de París.

Consideremos Hungría desmembrada en provecho de Checoslovaquia, tal como ocurrió con ella en el pasado; y de

Rumania así como había sido Polonia en provecho de Rusia, de Prusia y de Austria. Consideremos esta misma Hungría respecto de la nueva y minúscula Austria, cuya capital, solamente contaba con más de un millón y medio de habitantes. Tanto una como la otra eran incapaces de bastarse así mismas y no podían ni vender ni comprar en el exterior si Alemania, Checoslovaquia, Rumania o Yugoeslavia le negaban el tránsito.

Por otra parte, esta misma Checoslovaquia, regaloneada y aventajada en todo sentido, tratada como el benjamín por la democracia judeo-masónica, se encontraba constreñida a no poder respirar, a no poder comunicarse con la atmósfera, salvo por el tubo de plata del Elba, río germánico.

Alemania, de igual forma, se hallaba dividida en dos partes por Polonia y limitada por todos lados por su población que iba en ascenso, al igual que su gigantesca industrialización.

Polonia, reintegrada a las fronteras que había tenido después de su primera repartición, se comunicaba con el mar sólo mediante un corredor artificial.

Italia, con su población desbordante, aunque vencedora, quedaba comprimida en su península con la perspectiva de ir al encuentro de una guerra europea en el momento en que se diera curso a una expansión físicamente indispensable.

Por donde se le mire, si se hace con aquella mente y aquel ojo científico que sabe discernir los efectos en sus causas, se llega a la convicción, que se hacía presente en todos lados, la guerra ineludible de todos contra todos; una guerra ya en potencia antes de estar en acto.

Las naciones privilegiadas, no hallándose aún en una situación complicada, se encontraban en la posición, no menos difícil, de ser acreedores exigentes y, a su vez, de estar obligados como deudores a desangrarse por medio de nuevos impuestos equivalentes a otras tantas socializaciones.

Ésta era la imagen de la Europa de la primera postguerra, dividida y ordenada de tal forma que volvió a todos intolerables para con todos.

Finalmente, es necesario agregar, para completar este cuadro, el comunismo presente en el Oriente moscovita y el capitalismo desarrollado en el Occidente americano.

En conclusión, en una Europa, tal como había salido de las manos ingeniosas de la Conferencia de París, el único interés de las naciones antiguas y nuevas, que puede decirse común e idéntico a todas, era -es necesario tener el valor de decirlo-, la guerra: y los hechos lo demostraron.

Se ha pretendido que la Sociedad de las Naciones hubiese sido la encarnación de la paz. Sí, pero sólo porque los tratados, de los que ella era depositaria y a los cuales no tenía derecho a cambiar una sola sílaba, ésta sólo estaba en condiciones de comentarlos - tal como la Iglesia comenta soberanamente las Sagradas Escrituras - presentándolos como la esencia de la paz, mientras que éstos no eran sino auténticos comprimidos de la futura guerra.

La función de la Sociedad de las Naciones era la de constituir el cuerpo místico en el que se perpetuase el espíritu que ha dictado las actas de Versailles, de Saint-Germain, del Trianon y de Sevres, actos « definitivos » que constituían, según una expresión a menudo usada, la nueva carta magna de la humanidad.

Para demostrar que la atención sólo se centró sobre cuanto había de accidental y accesorio en los múltiples problemas, expondremos un sólo ejemplo.

Austria-Hungría fue considerada como el «mal» permanente y esencial, y el imperio de los Habsburgo, entendido como la raíz de todos los males menores, fue tachado del mapa de Europa y hecho desaparecer de la historia.

Alemania, como aquel «mal» que debía ser eliminado, fue considerada como algo accidental y accesorio, siendo menos importante que Austria- Hungría, no obstante se le estimó mucho más que la Rusia bolchevique, que bajo todo aspecto sí fue considerada como accidental, accesoria y descuidable, al punto de ser exculpada.

La verdad era exactamente lo contrario. El peligro real, el peligro mortal era Moscú, peligro similar al de la peste negra del medioevo, con el que es una locura entrar en pactos. Siendo los efectos siempre inseparables de las causas, no se podía suprimir el peligro, el contagio, sino anulando los resultados de la revolución hebreo-bolchevique.

El peligro alemán real, pero no esencial, no se debía, como el peligro del bolchevismo hebraico, a la esencia de la nación germánica. El peligro alemán era únicamente debido a las circunstancias externas, entre las cuales la congestión económica era la más importante, y esta congestión se habría podido hacer desaparecer para eliminar el peligro.

En cambio la amenaza austriaca era totalmente inexistente; para dejar a todos conforme, salvo algún rebelde ambicioso, habría sido suficiente reconstruir el antiguo imperio sobre bases federales, como había proyectado el archiduque Francisco Fernando, después de haber apartado la Galitzia a favor de Polonia y las provincias italianas a favor de Italia.

Este ejemplo nos convence de un punto de importancia capital.

La obra de la Conferencia de París no fue la de gente instintiva e irreflexiva, que aplana las dificultades y sale del apuro de cualquier modo. No era gente, como le gusta decir a sus detractores, que desconocía la geografía y la historia. Precisamente al contrarío: la obra de la Conferencia de París fue conscientemente sopesada hasta sus núnimos detalles. Ella se nos presenta enteramente compenetrada de universalismo histórico, pero todos los valores en ella fueron conscientemente invertidos para aventajar la corriente que, en la historia constituye la antítesis de la tesis tradicional.

El imperio de los Habsburgo fue radicalmente suprimido porque era el más tradicional, y el más opuesto al frente de la subversión mundial.

En pleno siglo XX el imperio de los Habsburgo representaba la imagen de ese Pentecostés históricamente católico que se opone a la Torre de Babel de las lenguas y de las razas del credo internacionalista. Representaba la unidad en la diversidad ya aparecida en el medioevo, una forma reducida de aquello que el Sacro Imperio quiso ser en tiempos de las Cruzadas, forma sobreviviente en una época envenenada por la Reforma y la Revolución Francesa, madre de los chauvinismos, del capitalismo y del democratismo progresista.

En una palabra, el imperio de los Habsburgo era aquello que más odioso y más incompatible podía existir para los productos del hebraísmo y la masonería, que está en la base de la historia contemporánea.

El imperio germánico, surgido de la Reforma y completado por el libre pensamiento de Federico el Grande, imperio laico y cívico, luego estatista por excelencia, era ya menos odioso. Luego, a partir del momento en el que se arrojaron al mar sus príncipes y sus reminiscencias feudales, aún persistentes a despecho del capitalismo y del estatismo y en el que ya no se reconocieron otros antepasados que no fueran Lutero, Kant, Hegel y Marx, él cesó inmediatamente de serlo. Y cuando se encontró el modo ingenioso, por no decir genial, de ponerlo en situación tal, que el hebreo pudiese controlar todas sus células vitales (y ésta había sido la perspectiva de Alemania en la inmediata post-guerra, antes del nacionalsocialismo) Alemania se volvió incluso digna de amarse, o por lo menos, deseable.

En cuanto a Rusia, suprimidos los zares, entregada y amarrada de pies y manos al hebraísmo y al bolchevismo, ella, de ser execrable, se volvió sacra e intangible. Y si ella tocando contagiaba, estaba prohibido reaccionar.

Para juzgar bien la obra del Congreso de París, es necesario contemplarla desde lo alto. **La obra de la Conferencia de París, nos aparece entonces como una construcción perfecta**, a la que no le falta ni el sentido de lo universal, ni el sentido de la historia. Ella es la obra de arquitectos que sabían perfectamente lo que construían, y que trabajaban bajo la inspiración del Gran Arquitecto del Universo, personaje supremo de las logias masónicas.

La Sociedad de las Naciones fue la coronación de este inmenso edificio.

El genio que presidió a tamaño desbarajuste del mundo es el mismo que el Evangelio llama « el mentiroso desde el principio ».

Completando la obra de la guerra con la creación de esa nueva Babel que fue la Sociedad de las Naciones, con los organismos de ella derivados, la Conferencia de París constituyó el prólogo de la conspiración mundial del siglo XX, mientras que selló el epílogo cruento de la conspiración del siglo XIX. Allí donde una cosa terminó, la otra entró en acción.

Pero es necesario ya dirigir las miradas sobre el bolchevismo.

## Capítulo XII

## Los pródromos del Bolchevismo. El adviento del capitalismo en Rusia

La Revolución Rusa de 1917 señala le penúltima etapa de las ideas de la izquierda internacional y, como tal, tiene en la historia de la subversión una importancia extrema.

Es bueno, luego, remontarnos al origen y saber cómo y por qué ella ha podido triunfar en Rusia. Por esto, resumiremos brevemente el período de la historia rusa que ha precedido la explosión de 1917.

El lector, gracias a esto, llegará a conocer ciertos hechos, que en su tiempo fueron silenciados por la gran prensa.

Dos momentos críticos han decidido la suerte de la dinastía y del imperio ruso.

El primero tuvo lugar cuando Alejandro 11 decidió emancipar los siervos en condiciones tales, que sólo una emigración hacia Oriente habría podido dar buenos frutos.

El segundo acaeció cuando Alejandro III, procediendo a la industrialización de su Imperio, creó automáticamente dos nuevas clases sociales, el proletariado y el ambiente capitalista, que se encontraron de golpe sobre el plano de una economía colectiva.

La propiedad de los campesinos fue separada de aquella de sus antiguos amos por el decreto de Alejandro II. Este decreto adjudicó a las comunas rurales, a los denominados *mir*, una cantidad de hectáreas suficientes para la generación en curso, pero arrojó sus primeros resultados sólo treinta años después, con el adviento de la generación sucesiva, en la época en la que Alejandro III, a continuación de la nueva alianza pactada con Francia, estuvo en condiciones de industrializar el país, ayudado por capitales franceses para ser frente a la guerra que se preanunciaba.

En la historia del Imperio de los Romanov, éste fue un hecho nuevo y peligroso para el antiguo sistema. Este se realizó sin que nadie se diera cuenta que estaba teniendo lugar una mutación substancial y fundamental.

A continuación del acuerdo franco-ruso, se tuvo una invasión de capitales líquidos en el imperio zarista. Una invasión de este tipo era lógica y natural, puesto que la economía, en su dominio, tiene las mismas leyes ineluctables que la física.

En este sentido, el físico, Rusia era un «vacío» de capitales. Ahora, el oro se comporta precisamente como aquellos cuerpos que sienten horror por el «vacío». La Rusia de aquel entonces se asemejaba a una gran sala, herméticamente cerrada, en la que el aire era liviano y sobre cuyas paredes hacían presión las densas atmósferas circundantes.

Dicha atmósfera «pecuniaria» en ningún lugar era tan densa como en Francia, país ahorrativo por excelencia, donde ricos y pobres economizaban mucho más de lo que gastaban y en el que la mayor preocupación era encontrar nuevas inversiones para la mencionada acumulación monetaria siempre en aumento.

Las inversiones que en Francia se denominaban de los «padres de familia», rendían en Rusia el seis e incluso el siete por ciento; el más seguro de todos, garantizado, aparentemente, por todos los recursos supuestos en el imperio, la renta del estado, daba el cuatro por ciento.

Eran tasas muy atrayentes para esos tiempos y para los franceses, que, además, creían no correr el mínimo riesgo. La solidez del coloso contra el cual el genio de Napoleón se había hecho añicos, los llenaba de una confianza ciega, no sabiéndose aún, que los pies de dicho coloso eran de arcilla.

Sin embargo, los pequeños ahorrantes, famosos por su ignorancia en materias geográficas, desconfiaban instintivamente de aquello que sucedía más allá de las fronteras de su país.

Fue, luego, necesario que el gobierno declarase que sus temores eran infundados y que, invirtiendo, ellos mataban dos pájaros de un tiro. En efecto, además de doblar sus rentas, los ahorrantes franceses rendían un meritorio servicio a la patria, puesto que, con la ayuda formidable que el coloso, en dichas condiciones, habría podido dar a Francia, en caso de guerra con Alemania, ellos contribuían a la salvación de la patria y, por tanto, a la propia.

Disponiendo del famoso «rollo compresor», las cosas no tendrían el mismo desenlace que en 1870.

Un viento capitalista de violencia inusitada empezó a soplar del Oeste hacia el Este.

Generalmente, este viento es precursor de la lluvia, pero en este caso fue una lluvia de oro la que cayó desde Francia, sobre el suelo ruso, ávido, bajo este aspecto, como esas regiones en las que nunca llueve.

Los rusos fueron naturalmente entusiastas de este aguacero áureo y el entusiasmo fue compartido por los propietarios y por los burgueses. Sobre todo los primeros triunfaban. En sus dominios la vida no costaba más: era necesario un lapso de tiempo para que el nuevo hecho produjese, al respecto, alguna modificación. Pero, por otra parte, ellos vendían más caro aquello que ellos vendían; de donde, sin tener más posesiones, se veían a sí mismos enriquecidos como en los cuentos de hadas.

Hasta entonces, hombres que se enriquecieran de este modo, haciendo juegos de magia mediante algunos signos sobre el papel, eran raros en Rusia. Ellos desdeñosamente eran calificados «pájaros del cielo», aquellos pájaros que, según el Evangelio, el buen Dios alimenta, sin que ellos tengan que sembrar, cosechar o almacenar en silos. Ello prueba hasta qué punto los propietarios rusos tuvieron antes, horror de los métodos capitalistas.

Así, este nuevo modo de actuar y de vivir se presentaba magníficamente. Era la luna de miel de Rusia contrayendo felices nupcias con el capital. Para festejar dignamente este feliz evento, hubo festines fastuosos, en los que el champagne y el vodka corrían como ríos, y en los que se creyó, de perfecta buena fe, haber encontrado el secreto de la transformación del agua en vino, como Cristo lo había hecho en las bodas de Canaán. Y nadie se daba cuenta, exceptuando tal vez unos pocos, de los cuales nos ocuparemos más adelante, que algo sustancial y fundamental había cambiado; no se sospechaba que una verdadera revolución tendría lugar; una revolución sin la cual aquella de 1917 no habría sido posible.

Los bellos tiempos pasados, en los que cada quién era dueño en su casa, y sólo Dios era para todos, ya no existían. El estado se transformó en el distribuidor de la sangre y de la circulación arterial, del dinero devenido improvisamente en indispensable. Rusia dejó de ser un tablero de ajedrez de autonomías diferentes y de libertades personales. El estado, convertido en el único cuerpo económico y social responsable por la suma a él prestada, debía asumir el control efectivo del país, no en vista de una producción más abundante de las utilidades directa y verdaderamente necesarias de una vida, sino en vista de los elementos constitutivos del capital y del crédito, sin los cuales la producción ya aparecía como imposible.

El régimen zarista no quiso expresamente un resultado de este tipo, el cual iba en contra de sus tradiciones y de su herencia patriarcal.[43] Pero llegar a este estado de cosas era inevitable, procedía de la naturaleza misma de una industria precipitadamente creada sobre las bases de consideraciones políticas y de una futura guerra. El único punto de partida de la industria fue el crédito de origen extranjero, exclusivamente acordado con este objetivo. En dichas condíciones, la industria no tenía la base natural de una tierra que nutre su gente y le proporciona sin transición y sin transacción el elemento necesario para su actividad. Y la consecuencia de todo ello fue que aquellos que trabajaban, tanto como aquellos que hacían trabajar, disponían de pocos medios directos para vivir o hacer vivir.

En una industria, hija del crédito, en la que obreros, dirigentes y dueños directos o indirectos no viven de la tierra, las cosas no pueden suceder de una manera diferente. Sin embargo en los campos, donde patrones y trabajadores seguían viviendo de la tierra como en el pasado, los unos y los otros habrían podido continuar dicha colaboración, como sus padres habían colaborado, sin la mediación del dinero. Pero entró en

---

[43] Se hace necesario subrayar el concepto de «patriarcal» que el autor asigna a la tradición señalada. Esto está en directa oposición del futuro comunismo y a la democracia, que se puede clasificar como una sociedad matriarcal, entendiéndose una sociedad totalmente igualitaria, contrapuesta a la sociedad jerárquica patriarcal.

juego el factor sicológico y ninguno de ellos supo ya contentarse con el antiguo sistema de vida.

Las relaciones entre los hombres, desde entonces, fueron las de acreedor y deudor. El cobre, la plata, el oro o el papel se interpusieron entre los hombres, apenas estos se reunieran en un número de dos o más. Y en los libros de la contabilidad llamada doble. las cifras terminaron con entrometerse en la misma función del «yo», desdoblado en yo acreedor y yo deudor.

Así se preparó lo irreparable.

# Capítulo XIII

## LA REFORMA ECONÓMICA DE STOLYPIN

Sin embargo, poco antes de la guerra, apareció el hombre enviado por la Providencia, que aún habría podido salvarlo todo. Nicolás II, al que nunca le resultaba cosa alguna, había por fin encontrado un hombre a la altura de la situación, Stolypin. Y este hombre, si la mano homicida de un hebreo no hubiera truncado prematuramente su vida, habría podido salvar a Rusia del abismo, realizando una obra más fecunda que la de Pedro el Grande y de la gran Catalina. Estos dos soberanos habían construido un gran imperio que, definitivamente era un coloso con los pies de arcilla.

A este hombre providencial, cuya actividad política, económica y social se desarrolló entre junio de 1906 y septiembre de 1911, unos quince o veinte años de paz externa le habrían sido, en cambio, suficientes, a juzgar por todo lo que supo hacer en un período tan breve, para crear una gran nación y un gran pueblo, en lugar del caos y del desorden que había encontrado.

Stolypin descendía de una familia de antigua nobleza, emparentada a la gran aristocracia terrateniente y desde la infancia estaba embebido de tradiciones feudales. Por sus inclinaciones atávicas, él se inclinaba luego hacia un pasado, por él muy querido. Pero su culta mente estaba también abierta a las perspectivas del futuro y era, por tanto, lo opuesto a aquellos reaccionarios, en el sentido etimológico de la palabra, que, cerebros pequeños, reaccionan por instinto contra todo lo que es nuevo y se apegan ciegamente a formas superadas, sin saber distinguir el buen trigo de la paja.

Después de haber desempeñado diferentes cargos, Stolypin fue llamado a presidir la provincia de Saratov. La gravedadde los acontecimientospolíticosera, entonces, extrema. La Revoluciónde 1905 había estallado y la revuelta de los campesinos azotaba con particular vehemencia las regiones del Volga: Saratov estaba situada precisamente en el epicentro. Era, luego, un lugar de honor y de combate, era la prueba de fuego, en el sentido figurado y también propio. Stolypin demostró, en esta ocasión, cualidades tales, que hicieron que destacara inmediatamente por sobre todos los funcionarios del régimen amenazado.

Para darse cuenta de la situación, él no echó mano a los libros o a los opúsculos fabricados poresos energúmenos emboscados, que pretendían relatar los sufrimientos del pueblo: él fue, en carne y hueso, a informarse directamente con pueblo, con el cual había tenido relaciones personales desde su infancia y que para él no era un ficción con letra mayúscula, sino una realidad de individuos vivientes. Y siempre y en todas partes él recogió de la boca del pueblo, la única en verdad autorizada para hablar en su propio nombre, una idéntica respuesta.

Dejemos hablar a la hija del futuro reformador que cita una de dichas respuestas, escuchada por ella por casualidad: «Es verdad, decían, es verdad que saquear y depredar, no conduce a nada. Y a la pregunta, por qué ellos lo hacían, uno de ellos, aprobado por todos sus compañeros dijo: aquello que quisiera, es un papel azul con el escudo imperial que me concediera, en plena propiedad, a mí y a mi familia, un pedacito de terreno. Yo podría pagarlo poco a poco, porque, a Dios gracias, somos trabajadores los de esta familia: pero, ¿con qué fin trabajar, ahora? Se ama la tierra, se trata de cultivarla lo mejor posible, mejor que los demás; y después esta tierra, que se ama y en la que se ha puesto su propia alma, se ve como es entregada a otro y la *comuna* nos envía a trabajar a otra parte. Esto que digo a su excelencia es verdad y muchos de mis compañeros piensan lo mismo: ¿Con qué objeto sacrificarse?».

Y Alexandra Stolypin agrega: «Mi padre escuchaba todos estos discursos con piedad infinita. Pobre Rusia, hecha de troncos y de estopa, decía a menudo. En sus pensamientos, él veía las florecientes granjas de la vecina Alemania, donde gente calma y perseverante acumulaba sobre minúsculas extensiones de tierra, comparadas con nuestras llanuras, cosechas y economías siempre crecientes y heredadas de padres a hijos. Dirigiendo entonces su mirada hacia los Urales, recorría con el pensamiento el largo camino de los deportados a través este imperio asiático ruso donde, en una tierra virgen, todos los tesoros que la naturaleza fecunda puede dar, dormían un sueño secular».

Hemos citado este largo párrafo, porque la entera génesis del cataclismo ruso, sobre el cual tanto y por todas partes se ha escrito, se encuentra aquí resumida.

Puede decirse que en Rusia todos habían oído esta voz, pero uno solo supo escucharla, y por esto, fue un gran hombre. Y por la misma razón este servidor de confianza del emperador, este autócrata de nacimiento y este feudal por convicción y por temperamento, fue el único verdadero «democrático», en oposición a todos los Witte, Bakunin, Miliukov, Tchemov, Kerensky, Lenin, Trotzky y de todos los otros simpatizantes anónimos, rusos, occidentales o americanos.

Desde ya, la senda que Stolypin debía recorrer hasta la muerte, estaba trazada. Sabiendo que los pecados contra el espíritu del mal no se perdonan en este mundo, él sacrificó desde el principio su vida a su vocación, que era la de trabajar sin arrepentimientos para la felicidad del pueblo ruso.

Aquello que él, como gran propietario de tierras, no perdía jamás de vista, era que Rusia, y, en general, aquello que se llama patria - palabra que textualmente significa *tierra de los padres* -, no debía ser parte de la ubicuidad financiera internacional y un consorcio de fluidos negocios, sino un patrimonio y una tierra que valorizar para el mayor bienestar de aquellos que la habitan.

El tiempo trabajaba para él y su día, que sería breve, se acercaba. Declarada la disolución de la Duma, y con Goremykin renunciado, Stolypin fue llamado al gobierno.

Él gozaba de la confianza justificada del soberano. Ambos, en el fondo, tenían las mismas ideas, pero el emperador, tímido y titubeante, no sabía qué camino tomar para realizarlas. Prácticamente, Stolypin fue investido de una autoridad casi dictatorial.

El destino le daba la posibilidad de llevar a cabo el sueño de su vida. Sin perder un solo instante y dejando para más tarde la creación de una nueva ley electoral, él quiso ir derecho a su objetivo.

En Rusia, la causa directa del desorden era el fermento, la exasperación del pueblo. Ninguna revolución en la historia, ha tenido inicialmente otro motivo y en las mismas revoluciones religiosas el motivo confesional es sólo la mecha que da inicio al incendio, no el combustible, sin el cual no podría haber un incendio generalizado.

La causa primera de esta exasperación era la miseria, la situación sin salida del pueblo que debía vivir de aquello que sembraba y cosechaba, sin tener donde sembrar y cosechar, por causa del decreto que había emancipado los siervos, con consecuencias que se agravaban de generación en generación.

La causa directa de la exasperación y el fermento popular era luego clara y del todo natural. Y si alguna cosa era cierta, evidentemente era que otros motivos no habían.

Se puede ir a contar a los profesores, a los abogados o también a los periodistas de París o de Londres e incluso a algunos colegas de éstos en Petersburgo o en Moscú, que el pueblo ruso estaba atormentado por el deseo de instituciones democráticas. Pero historias de este tipo no se podían ir a contar a los señores de campo, como Stolypin, o también a personas menos sagaces que él.

Puesto así el problema, era necesario saber, si la causa primera, si la situación sin salida de las masas podía ser radicalmente eliminada, sin que para ello fuera necesario revisar la constitución y convocar parlamentos. Era evidente que dicha causa podía ser fácilmente eliminada, por lo menos por un siglo. Rusia podía ser excepcionalmente feliz y privilegiada. Metrópolis y colonia al mismo tiempo, la colonia habría sólo prolongado la metrópolis; ella no sólo habría tenido con qué alimentar su población varias veces, sino también con qué abastecer a todos de aquello necesario para hacerlos pequeños propietarios acomodados, sin encontrar otra dificultad que aquella de trasladarse más hacia el Oriente, según un ritmo bien organizado.

Para conseguir este magnífico resultado no sólo no era necesario despojar a nadie, sino al contrario, cerca de las pequeñas propiedades habría existido un amplio margen para la creación de nuevos dominios, medianos y grandes. ¿Era necesario, tal vez, para ello, cómo se había dicho en otras circunstancias, *de l'argent, encore de l'argent et toujours de l'argent?*[44]

---

[44] Dinero, más dinero, siempre dinero.

No ciertamente. Rusia aún era una simple neófita del sistema capitalista y en ella los antiguos sistemas no habían aún perdido toda su fuerza. Por lo demás, si ello hubiese sido el obstáculo, con lo que Witte había logrado hacerse prestar, había ampliamente con que colonizar y organizar una parte suficiente del imperio asiático ruso, de modo de conjurar por un largo tiempo el peligro de una congestión agraria. Y ningún capital habría sido más útilmente y más ventajosamente invertido, y tan susceptible de ser rápidamente amortizado, con beneficios incalculables para el porvenir.

Libre de las trabas de una constitución democrática, sin la colaboración hostil y pérfida de los parlamentarios delirantes y sin conceder a los maniacos de las ideas sociales la libertad de desmoralizar el pueblo por medio de una prensa llamada libre, el zarismo tenía todo lo materialmente necesario para eliminar totalmente las causas determinantes del cataclismo que se acercaba.

Luego, ello podía suprimir definitivamente la razón de ser de una revolución futura. Y entonces, no dudamos en afirmarlo, no habría habido ni guerra ni revolución bolchevique.

El mérito de Stolypin no residía en haber comprendido esto, muchos otros habían llegado a las mismas constataciones, sino que el haber sido el único en haber deducido las consecuencias y haber pasado de inmediato a la acción.

Apenas después de cuatro meses de su ascenso al poder, fue promulgada por decreto imperial, una nueva ley agraria, que instauraba la propiedad privada de los campesinos. Este acontecimiento memorable tiene fecha del 9 de noviembre de 1906.

Así quedaba parcialmente reparado el error de Alejandro II. Los agricultores tenían ya un derecho, y, mejor aún, facilidades para liberarse de la servidumbre de las comunidades rurales, sustitutos de aquella de los señores.

Un organismo especial preexistente pero que, pasado a otras tareas, era casi exclusivamente un instrumento de *rusificación* de parajes alógenos, el banco agrario de los campesinos, compró a bajo precio las tierras que los propietarios deseaban vender, agregándolas a las del estado, o por él cedidas, y constituyó una reserva en la que cada campesino podía adquirir una parcela a crédito, después de haber declarado de abandonar voluntariamente la comunidad. El campesino debía depositar en el banco sólo el dinero por él disponible y el tesoro imperial asumía a su cargo la diferencia.

Casi inmediatamente medio millón de jefes de familia entró en posesión de casi cuatro millones de hectáreas.

Así se cumplía la verdadera abolición de la servidumbre. Pero como ella, en lugar de marcar un «progreso» hacia la economía colectiva y socialista, representaba una «regresión» hacia el personalismo y la economía privada, no tuvo el efecto literario y teatral que la reforma de Alejandro II había producido. Aceptada con entusiasmo por el pueblo, ella gustó poco a los que se decían amigos, y fue acogida con una frialdad desconcertante por los ambientes liberales y sus órganos de información. En cuanto a la prensa extranjera, ella mantuvo un silencio casi absoluto.

Para dicha prensa, Stolypin era un retrógrado y un oscurantista, si bien ella no era capaz de decir en qué cosa y por qué. Ciertamente, si él hubiera entregado todas las tierras a una sociedad anónima hebraica para que la administrase en nombre del «pueblo», según la consigna del comunismo y del socialismo, Stolypin habría sido catalogado en modo muy diferente.

Pero Stolypin, firme en lo que había emprendido, siguió su camino, sin prestar atención a los perros que ladraban. En pocos años, es un testimonio ocular el que aquí habla, la Rusia europea, como si un hada benefactora la hubiera protegido, se llenó de una cantidad de pequeñas, prósperas y risueñas granjas, cuyo número iba en aumento con el pasar de los días.

Sin embargo, todo esto no era sino el comienzo. Stolypin, aprestándose a transformar la sexta parte del mundo, proyectaba una obra infinitamente más grande.

En un país, en el que los métodos de cultivo de los campesinos estaban aún atrasados, el hecho que tierras ya explotadas y productivas pasarán de una a otra mano, o a través de varias manos, era negativo, desde el punto de vista de la economía general. Pero, para Stolypin, éste era sólo un recurso destinado a detener el progreso de la subversión en sus efectos inmediatos, a ganar tiempo y una tranquilidad por lo menos relativa, indispensable para la obra de gran aliento, que él proyectaba.

Su idea fundamental, mucho más fecunda, se refería, de hecho, a la valorización de las tierras, que podrían llamarse vírgenes, de la parte oriental y asiática del imperio. Pero, para conseguir este resultado era necesario comenzar a prepararlo y, ante todo, mejorar los medios de comunicación. Los problemas por resolver debían, luego, seguir un orden progresivo y racional.

Stolypin ponía en primer plano la agricultura, que proporciona las bases elementales y alimentarias de la existencia, eliminando el peligro del hambre, preludio de toda revolución. Seguían a ella los transportes y las vías de comunicación, que permitían a las regiones agrícolas fértiles el aprovisionamiento de aquellas de suelo ingrato, cosa que de ningún modo quería decir que esta últimas regiones eventualmente no fueran más ricas en otro orden de producción, como para abastecer a las primeras de los medios necesarios para potenciar el rendimiento agrícola mismo. A continuación venía la explotación de las minas, con un margen de industria estrictamente necesario para satisfacer las necesidades elementales del hombre y de la tierra, sin tener que recurrir al extranjero. El principal objetivo de dicha industria no debía ser la exportación al exterior ni la alimentación de los bancos, bajo el signo y el símbolo del cambio, sino la producción de instrumentos agrícolas, con el fin que todo pudiese desarrollarse, por decirlo así, dentro de un círculo cerrado.

Una vez que esta parte del edificio económico estuviese construida y fortalecida al punto de poder sostener lo demás, se podía erigir el piso superior, correspondiente a la gran industria. **Esta industria, sin embargo, no debería ser locamente intensificada en proporción a la oferta del crédito, sino más bien en proporción de la oferta de las materias primas, que debían ser el punto de partida, además que en proporción de la demanda de los productos manufacturados.**

La industria, en efecto, debe seguir la producción ganadera, agrícola y minera, nunca precederla. Proceder de otro modo, significa colocar el arado delante de los bueyes, y nuestra generación sabe muy bien a que se llega mediante dicho sistema.

La economía tiene también una ley propia de armonía. Y el ideal de una economía nacional, como por lo demás, de toda economía privada, es de no dejar nada inconcluso y de llegar a ello sin recurrir a factores externos.

Stolypin comprendía que sólo por este camino se podía llegar a una economía perfecta, a una economía a salvo de las vicisitudes de los acontecimientos del exterior, y de los complots de las finanzas. No que la finanza deba necesariamente ser excluida del dominio de la economía: ésta puede servirse de ella, en la medida que le convenga, pero sin depender de ella ni estar entregada a su merced, puesto que una economía regida sólo por la finanza se parece a un ahorcado colgado de una soga cuyo extremo se encuentra sujeto por los engarfiados dedos del hebreo.

En gran parte, el Transiberiano se debe a Witte. Si este ferrocarril es una obra grandiosa, que honra a aquel que la concibió y presidió a su realización, es curioso sin embargo constatar hasta qué punto ella lleva el sello de un hombre dominado por concepciones capitalistas, como fue precisamente Witte. El Transiberiano no atraviesa las partes más ricas del imperio asiático ruso, aquellas que habrían sido más aptas para la emigración, interna y con ello devenir en focos de productividad local. El objetivo principal de esta formidable línea férrea, su razón de ser, parece haber sido, en cambio, la conexión mediante la línea más breve de las regiones pobladas de la Rusia occidental, y mediante ellas a Europa, con la China y el Pacífico y la apertura a los sucesores de Pedro el Grande de una ventana sobre otro mar.

Siberia, con sus incalculables riquezas inexploradas y también exploradas, en esta empresa, sólo significó un obstáculo que vencer para conseguir un resultado vinculado principalmente al tránsito, al comercio y a los intereses financieros.

La obra análoga de Stolypin, que una muerte prematura le impidió de llevar a cabo, tenía una muy diferente finalidad. El Transiberiano del sur atravesaba las comarcas más fértiles y aptas a la colonización interna. Aunque más corta que la otra, aún después de él, ella siguió siendo la mayor red ferroviaria europea.

Según las valoraciones que hemos escuchado de parte de personas cercanas al primer ministro, la población emigrada a

Siberia y al Turquestán habría sido, entre los años 1920 y 1930, entre treinta y cuarenta millones. Y no se habría tratado de treinta o cuarenta millones de proletarios hambrientos a la caza de un salario problemático, sino de treinta o cuarenta millones de pequeños propietarios acomodados y prósperos, más ricos, en cuanto a tierra y productos naturales, respecto del término medio de los campesinos franceses. Treinta o cuarenta millones de hombres felices de la vida, con un futuro claro, satisfechos de su suerte, económicamente independientes todo lo que es posible serlo y constituyendo un freno formidable contra toda revolución, fuerza conservadora y reaccionaria que ningún país ni lugar alguno del mundo actualmente posee.

El único beneficio indiscutible de la Revolución Francesa ha sido el mejoramiento económico de la clase rural, y Dios sabe si se usa y se abusa de este «refrán» para disculpar las abominaciones de ella. Pero ¿A precio de cuántos robos notorios y estridentes injusticias fue comprada dicha mejoría?

Stolypin, en cambio, sin cometer ningún abuso contra un alma viviente y sin alejarse jamás de la más escrupulosa moral y legalidad, había encontrado la senda que podía conducir a un resultado mucho más considerable.

# Capítulo XIV

## Capitalismo y Propiedad

Stolypin no fue sólo el creador de innumerables propiedades, sino también de aquello que es inseparable de ellas: de otras tantas libertades individuales. Esto quiere decir que esta bestia negra de los partidos liberales fue un gran y verdadero liberal, habiendo creado millones de hombres libres e independientes.

Y no **a pesar**, sino más bien **porque** Stolypin era feudal de raza, hasta la médula, él supo actuar de este modo y hacer del feudalismo, por él amado, la realidad y el beneficio de la nación entera, el lugar de privilegio envidiado de una clase, como en el medioevo. Y los únicos que encuentran paradoja!todo lo que hemos dicho, son aquellos que no han llegado a entender en qué consiste la esencia del sistema feudal y lo juzgan sólo en base a sus limitaciones e imperfecciones.

Los detractores de los antiguos regímenes, la profesión de los cuales consiste en deformar los hechos de la historia, han logrado crear una confusión entre dos cosas distintas: el feudalismo y la servidumbre; allí donde el primero respondía a una relación de los señores respecto del soberano, o bien, entre señores; el segundo respondía a relación de los señores con los campesinos, sus sirvientes.

El feudalismo fue una creación específica del medioevo romano-germánico, en virtud del cual los propietarios nobles, incluidos los pequeños hidalgos campesinos, eran soberanos independientes en sus respectivas tierras. Ellos lo eran como el emperador o el rey en la suya. El emperador o el rey era el soberano de los señores, pero no su amo, y ellos sin ser sus siervos, brindaban, por su propia seguridad personal, puesto que cada uno de ellos, separadamente, se encontraría en la imposibilidad de defenderse en un eventual conflicto con otros señores o bien con algún otro monarca, sus efectivos o cuadros militares.

Traducido en un lenguaje moderno, el feudalismo era una federación interesada de propietarios autónomos y soberanos en sus dominios, federación que garantizaba la seguridad de cada uno de ellos. El más potente por vía hereditaria, «presidía» como se diría hoy, esta federación: éste era el emperador o el rey, soberano de los príncipes o de los duques. Cada uno de estos príncipes o duques, como intermediario jerárquico, encarnaba una función análoga frente a los grados inferiores de la nobleza.

Todos los esfuerzos de Stolypin tendían a transformar cada hombre del pueblo en un pequeño señor independiente, soberano indivídual en su propio dominio, como lo había sido el barón del medioevo y, como éste último, vasallo y tributario de la corona, comprometido a respetar sus leyes y a entregar a la corona algunos servícios a cambio de las ventajas que la corona le entregaba. La Revolución Francesa, en cambio, se había esforzado en transformar cada hombre del pueblo en un miembro independiente y en un participante teórico a una soberanía colectiva, impersonal y anónima.

La idea de Stolypin era la de constituir una sociedad personalista y descentralizada basada sobre la propiedad privada. La idea de la democracia moderna es, en cambio, la de llegar a una sociedad colectivizada y centralizada, basada sobre el capital anónimo.

Stolypin trató de llevar el sistema feudal a sus últimas consecuencias, ennobleciendo y des proletarizando hasta abajo, mientras la Revolución Francesa había llevado la democracia hasta las últimas consecuencias, proletarizando incluso hasta lo alto.

El árbol plantado por las revoluciones, una vez eliminado el feudalismo (cuando habría sido suficiente extenderlo a la entera humanidad), ha producido el sistema capitalista y sus frutos envenenados. Y nosotros corremos el peligro de perecer por su causa, por la simple razón que no se puede vivir indefinidamente en un régimen del absurdo.

De hecho no se puede vivir en una civilización mercantil cuya primera norma es que se puede usar sólo la mercadería comprada con el dinero, después de haber vendido aquello que se produce para obtener este dinero.

Resulta de esto un círculo vicioso de hecho inaudito. Los unos sufren hambre porque no logran vender su trabajo por un dinero suficiente para adquirir su sustento. Los otros destruyen los depósitos de alimentos porque no encuentran a quién venderlo para tener dinero y pagar el trabajo de los primeros, para que éstos, con su trabajo, puedan comprarse su sustento.

Está prohibido vivir de otro modo que no sea por medio del dinero y está prohibido producir lo necesario para vivir sino es por medio del dinero. Y nunca una consigna fue más rigurosamente seguida y una convención tan escrupulosamente observada.

Así, vernos países que sufren por el superávit de cosas útiles a la vida, mientras la mitad de su población no tiene con qué comer, vivir, vestir o calentarse, no teniendo suficiente dinero para adquirir todo lo necesario y porque no puede conseguirse este dinero sino vendiendo su trabajo a la otra mitad; la cual, a su vez, carece de dicho dinero porque, como recién se dijo, sufre de superávit de cosas útiles que en vano quiere vender para obtenerlo.

El estado, justamente preocupado por la posibilidad que aquellos que carecen de todo se arrojen finalmente como perros hambrientos sobre aquellos que «sufren» por contar con el superávit de todos los bienes, se decide a intervenir. ¿con qué medios?

El estado es el recolector de las contribuciones pagadas por los ricos, o, por lo menos, los que se suponen como tales, por aquellos que «sufren» por su abundancia, que, sin embargo a menudo, como ya se dijo, de todo tienen de sobra, menos dinero, no pudiendo ellos vender las utilidades reales y llegando ellos apenas a pagar la parte inevitable al Shylock[45] que los ha financiado, para impedir la quiebra oficial de la empresa.

Aquello de lo que el estado tiene, en cambio, necesidad urgente, es de víveres para alimentar a quien tiene hambre y ropas para vestir a quienes pasan frío: debería luego pedir a los ricos, paralizados por el exceso de su abundancia, no ese dinero, del que ellos carecen, pero sí una cierta parte de aquellas especies con las que ellos no saben ya que hacer y que corresponden precisamente a lo que les falta a los pobres.

Esta solución parecería la más racional en términos económicos y presentaría la ventaja de armonizar las dos partes, es decir, la inmensa mayoría y la minoría más interesante del género humano, englobando cualitativa y cuantitativamente aquellos que producen trabajando y aquellos que producen haciendo trabajar. Pero, como una solución de este tipo perjudicaría a la ínfima minoría de los rapaces que no siembran

---

[45] Personaje de la obra de William Shakespeare, *El Mercader de Venecia*, el cual representa al judío prestamista y usurero.

ni cosechan, no trabajan y no hacen trabajar y que se enriquecen con la desenfrenada circulación de capitales, el estado capitalista moderno prefiere otra solución, que bate el record de todas las aberraciones.

El estado exigirá a los contribuyentes que tienen de sobra cosas que a los cesantes faltan, la única cosa que ellos no tienen, el dinero. Hará que vendan a bajo precio una parte de sus productos a esa categoría de rapaces de la que hemos hablado, haciéndolos, por este sistema, aún menos capaces de dar trabajo a los obreros. La parte de los productos vendida a bajo precio a las aves de rapiña será revendida por éstas inmediatamente a precios más altos a los cesantes, que las comprarán con el dinero que el estado habrá sustraído a los productores de esos mismos bienes para ayudarlos.

El balance de esta operación ingeniosa está entre las más eficientes: pérdida pura por parte de los productores y dadores de trabajo, que venden a precios bajos en provechode los parásitos; pérdida pura adicional para el estado, además de aquella ya inevitable, y predecible aumento del número de cesantes en el futuro. Ganancia sobre toda la línea sólo para lo intermediarios que manipulan el papel moneda. Er resumen, triunfo total de los especuladores y perspectiv de un progreso automático y continuo en esta dirección.

La miseria de quién trabaja, la ruina de quién hace trabajar, la bancarrota del estado y la amenaza de una revuelta social son preferibles a la idea de renunciar al intermediario del dinero, como si fuera del sistema capitalista no hubiese salvación para el género humano.

No se puede negar que, entre tantas victimas llenas de amargura ha habido, en un número creciente hasta llegar a ser amenazador, aquellas que han estado dispuestas a echar mano a las hachas y ardientes de un deseo tan legítimo como comprensible, de abatir este tronco venenoso para todos, salvo para el hebreo y sus acólitos.

Ellas ya habrían pasado a los hechos, sino hubiesen prestado oído a aquello que otra corriente de la subversión mundial ha susurrado a sus oídos.

Como es previsible, aquello que estos otros sugieren a los cristianos contra los primeros como redención del mal capitalista es, bajo las apariencias de un remedio, una colosal intensificación del mismo mal: es aquel pancapitalismo despótico y universal que, bajo el nombre de comunismo, se desata dentro de Rusia hace ya tantos años, procurando a ciento cincuenta millones de hombres la miseria física y la decadencia moral como compensación por la más completa servidumbre.

Nace entonces preguntarse si, fuera de esta alternativa, en la que la segunda solución es sólo una fase peor que la primera, no existe otra salida para el género humano.

Ciertamente, habría una, es decir, **el retorno puro y simple al régimen de la propiedad tipo feudal, según el verdadero significado de éste y que al día de hoy se ha perdido**; régimen determinado por los objetos y las personas vivientes, no por cifras y símbolos. Pero ahora, dicho régimen no podría ya ser a beneficio exclusivo de una clase privilegiada. Esta vez todas las colectividades, o más exactamente, los individuos diferentes que las componen, deberían poder sacar provecho de dicho régimen; y este fue el sentido profundo del experimento político, económico y social que Stolypin intentó entre 1906, fecha de su ascenso al poder, y en 1911, fecha de su asesinato.

Nosotros, no obstante, añadiremos que para ser realizable no era suficiente un tipo ejecutivo como Stolypin; se necesitaba, además, que el territorio a disposición fuese suficientemente grande respecto al número de los habitantes; y tal era el caso del imperio ruso.

Otros elementos facilitaban el plan: el doble hecho que el pueblo ruso no había aún tenido tiempo de impregnarse de la mentalidad capitalista, tan difícil de extirpar después, y que en la gran mayoría no se había perdido la costumbre de obedecer.

Para concebir un proyecto como el de Stolypin era necesario, por lo demás, tener en la sangre el sentido especial de lo que entonces significaba la propiedad, mientras que en los países occidentales, hasta entre los descendientes de familias feudales, este sentido iba apagándose gradualmente.

Hoy, si decimos que entre un propietario y un rey, entre un patrimonio y una patria no hay sino una diferencia de grados en una misma escala de valores, no se es ya comprendido más allá de un determinado meridiano. De hecho, para los hombres «modernos», el propietario es una variedad del capitalista, el patrimonio es una inversión del capital, el rey es a menudo un magistrado en servicio y la patria un consorcio o una caja idealizada.

En cambio Stolypin poseía ese sentido innato, siempre más raro en el día de hoy. He aquí porque él fue el defensor más temible de concepciones económicas y sociales diametralmente opuestas a aquellas derivadas de la Reforma y la Revolución Francesa: temible, hasta el punto de tener que ser eliminado por medio del asesinato. Si en cambio, hubiera vivido y gobernado durante unos treinta años y si la paz europea no hubiese sido perturbada, todo lleva a creer que él habría transformado la Rusia anárquica y caótica en una obra maestra de tipo inédito. Por cierto, la comparación no habría sido lisonjera para las democracias, donde reinaba la economía colectiva y que debían el prestigio y el fetichismo de que gozaban al triste hecho que los conservadores, o por lo menos aquellos que así eran calificados, no tenían, concretamente, nada mejor que contraproponer.

Según el proyecto de Stolypin, Rusia no habría debido ser sólo una federación de pequeños propietarios, sino también una de grandes y medianos propietarios; y se debe insistir sobre este punto, que está en plena contradicción con la mística, según la cual todos los hombres deben ser forzosamente iguales y similares.

Es fácil entender que Stolypin estaba de acuerdo también con sus iguales, los grandes magnates terratenientes ya existentes. Muy sabiamente, él deseaba crear nuevas grandes propiedades, que, donde quiera su reforma se hubiera extendido, habrían sido casi como centro de gravitación para la constelación de propiedades menores.

Estas nuevas grandes propiedades, Stolypin las consideraba necesarias como modelos de cultura y focos de una influenciamucho más formadora para el campesino local, que el contacto con la burocracia, de la que él, con justicia, desconfiaba. De ella conocía, en efecto, la corruptibilidad y las intimas tendencias, a veces sola padamente revolucionarias. Stolypin consideraba indispensables las nuevas grandes propiedades, porque sobre todo, en ellas veía el punto de partida de la industrialización futura, de la que no desconocía la importancia fundamental para una nación moderna llamada a ser (ya que se podía) la nación menos necesitada que las demás y aquella de la cual las demás habrían tenido la mayor necesidad.

Sin embargo, Stolipyn no consideraba esta industrialización como su predecesor Witte: como una conquista de la Rusia aún inculta pero similar a una zona de penetración económica, por no decir una colonia, para los capitales anónimos y la finanza internacional. Stolpyin, encambio, veía esta industrialización en los términos de una colaboración fecunda y recíprocamente interesada, entre la gran propiedad, la mano de obra y los recursos multiplicados de la pequeña propiedad, sin despreciar a priori, sobre todo en los comienzos, el apoyo facultativo de capitales fácil y rápidamente amortizables. En este orden de cosas, como en muchos otros, nada es tan funesto como el desperdiciar las oportunidades para atenerse indiscriminadamente a un rígido principio.

El criterio generalmente seguido por los señores del campo era que el mejor y más lógico empleo de una renta neta no es el entregarla a un banco ni a la compra de acciones ni obligaciones referentes a un negocio que se desarrolla quizás dónde y administrado por quizás quién. El mejor empleo era para ellos su misma tierra, objeto de sus cuidados casi amorosos y de su legítimo orgullo. De padre a hijo ellos trataban de mejorarla, de embellecerla como hacen los reyes con sus reinos, puesto que ellos vivían en esta tierra y no eran como las aves de paso. En breve, ellos y sus posesiones, que eran su razón de ser y de las que a menudo llevaban el nombre, no formaban sino una sola cosa. El dinero pasa, la tierra' queda.

Al vender ventajosamente su trigo, su remolacha o su lana a molineros, fabricantes de azúcar o tejedores, ellos llegaban a la conclusión que no había ninguna razón de proporcionar beneficios a fabricantes y a intermediarios extraños, siendo lo más lógico conservar para sí mismos tales beneficios. Y es así que, poco a poco levantaron industrias bastantes importantes sin ayuda del crédito y para provecho, no sólo de los titulares, sino también para el entorno cercano, del cual ellos se sentían aún moralmente losjefes.

Pudiendo presumirse que lo que vale para el suelo ruso habría podido similarmente tener lugar para el subsuelo ruso, igualmente rico, se delineaba para un futuro más lejano, la constitución de *trusts* verticales y al mismo tiempo horizontales. Esto habría significado la realizaciónde aquello que es la última moda del capitalismo, con la diferenciaque la cosa habría sucedido dentro de los límites de la propiedad privada, de la realidad sustancial de los valores y las relaciones, de la estabilidad dinástica de los titulares del crédito exclusivamente mutuo que se habría amortizado en un circuito cerrado y se habría cubierto mediante la reciprocidad de los servicios y las prestaciones personales.

El día en que se hubiese conseguido dicho resultado, la superioridad del régimen de la propiedad sobre el sistema del capitalismo anónimo habría quedado en evidencia. Los tiempos en que todo tenía lugar como si no existiera otra alternativa para el género humano fuera del capitalismo o del comunismo se habrían vuelto un recuerdo poco lisonjero para las nuevas generaciones.

Una crisis, como la que ahora sufrimos, crisis paradoja! de la sobreproducción, sería inimaginable en un régimen de propiedad. Bajo dicho régimen, una crisis de este tipo se transformaría en una bendición del cielo.

En el momento en el que el capitalismo conduce a esta asombrosa conclusión: que la extrema abundancia crea la miseria; conclusión que hace de contraparte a esta otra: el crédito crea la fortuna; es él mismo quien en verdad se descalifica y se condena. Desgraciadamente, el único que parece llegar a sacar provecho de dicho absurdo es el socialismo, que es el capitalismo al cuadrado.

Es luego, bueno que se sepa, que al principio de este siglo, aún más estúpido que el precedente, ha existido un hombre que había propuesto otra solución y había comenzado a realizarla. Y esto nos dará también la ocasión de hacer el elogio de Nicolás II. Generalmente, se le compara con Luis XVI. Pero, sí el plomo de un miserable hebreo no hubiera desviado el curso de la historia, Nicolás II habría podido ser comparado más bien con Luis XIII, puesto que, como este último, él supo encontrar, una vez por lo menos, el hombre de la situación y mantenerlo en el poder contra todos los que se oponían.

Por su previsión, Stolypin fue superior a Richelieu. Éste, centralizando y terminando de desfeudalizar Francia, preparó el sol de Luix XIV, pero, sin darse cuenta, también la guillotina de Luis XVI. Stolypín, si se le hubiera dejado el tiempo necesario, habría dado a la Revolución Rusa un golpe del que ella nunca se habría recuperado y habría desbaratado por un largo período los planes de la subversión mundial. Él parece haber sido el único de su generación que supo claramente la finalidad de estos planes.

La historia reciente de Rusia demuestra que había sido suficiente la aparición de una personalidad para que un desarrollo, debido a la insuficiencia y a la ignorancia de otros hombres, no sólo fuese netamente detenido, sino que de descendente que era, fuera transformado en ascendente. Y ella demuestra igualmente, que fue suficiente que dicha personalidad desapareciera, para que efectos diametralmente opuestos, debido a la incompetencia, a la ineptitud o a la insuficiencia de hombres vueltos a actuar como antes, retomaran su curso, como si nada hubiera pasado.

«Nuestro objetivo principal», declaró una vez Stolypin a un periodista, «es fortificar al pueblo agricultor. En él reside toda la fuerza de un país, una fuerza que es ya más de cien millones. Créanme, si las raíces del país crecen robustas y sanas, las palabras de Rusia se oirán con un poder nuevo en Europa y en todo el universo. Nuestro lema es el trabajo en común, basado sobre la confianza recíproca. Mañana, ella se volverá la consigna de todas las Rusias. Denle al país diez años de calma y ustedes no reconocerán ya Rusia».

Ya después de cuatro años se comenzaba a no reconocerla. Los potenciales enemigos en el extranjero rechinaban los dientes.

La oposición social se desmembraba y la escisión se hacía cada vez más profunda en el seno del partido social-demócrata. A la derecha los mencheviques[46] se declaraban dispuestos a colaborar pacíficamente con el gobierno; ellos consideraban la revolución definitivamente muerta y veían en los bolcheviques, el ala izquierda que se obstinaba con esperar una sublevación, de la que la de 1905 había sido sólo el ensayo general, unos utopistas.

Sin embargo, entre los fundadores del partido, diversos elementos se separaron de este último grupo, pasando a una actitud conciliante; entre ellos, se encontraba Plekhanov, uno de sus pontífices. Y Lenin, que se obstinaba en sus propósitos, también por ellos era considerado como un maniático.

En el último congreso de su partido, reunido en Londres en 1907, los bolcheviques obtuvieron la mayoría sólo gracias al apoyo de una organización oficialmente hebrea, el Bund[47] de la social-democracia letona y polaca, cuyo más ilustre representante, haciéndose pasar por alemana once años más tarde, era la notoria hebrea conocida bajo el seudónimo de Rosa Luxemburg.

Los últimos resplandores del incendio de 1905 se habían apagado. La pacificación del país era total y las alocuciones de Stolypin en la cámara y en otras partes provocaban estruendosos aplausos. Y no había alguna razón para que ellos

---

[46] Los mencheviques formaban una facción minoritaria y moderada del Partido Social-Demócrata Ruso (POSDR) que se hizo evidente tras la disputa de Leuin y Mártov en el Congreso de Londres de 1903. El término menchevique significa «los menos» y se opondrían a los bolcheviques, sector radical del partido, hasta el año 1912 en que se separan definitivamente.

[47] Movimiento político judío, de carácter socialista y secular, que se origina en la Unión General de Trabajadores Judíos de Lituania, Polonia y Rusia a fines del siglo XIX en Rusia. Su término se asocia a la palabra alemana *bund* que significa federación o unión.

no durasen, para que no se continuase de bien en mejor, según un ritmo acelerado. Este progreso continuo no era el efecto ni de un conjunto de circunstancias favorables, ni de maniobras más o menos hábiles sobre el tablero de ajedrez interno o externo; era debido a causas permanentes que no tenían nada de circunstancial.

Como es fácil de prever, la obra de Stolypin encontró la hostilidad de Israel.

Es cierto que Stolypin no tenía, para esta raza, precisamente cariño y que él, como todo ruso consciente, veía en ella el enemigo por excelencia, el elemento intrínsecamente hostil, cuya marca de fábrica se encontraba en todos los atentados revolucionarios. Pero no es menos cierto, que en los actos de su gobierno no se puede encontrar ninguna especial injusticia contra los hebreos.

Sin embargo, ningún hombre de Estado ruso, sin exceptuar los que tuvieron la mano más dura, fue odiado tanto como Stolypin por el hebraísmo internacional.

Para convencerse de esto, sería suficiente leer los periódicos extranjeros de su tiempo, sobre todo ingleses y americanos, casi todos feudatarios de Israel, que no titubeaban en pintar la figura del primer ministro con los rasgos de una especie de fiera humana.

En definitiva, Stolypin no persiguió a los hebreos más que otro que en el imperio mereciera ser perseguido. Aun suponiendo, según una calumnia universalmente difusa, que los *progrom* hayan sido provocados por la policía zarista, un hecho es innegable, y es que, bajo el régimen de Stolypin no tuvieron lugar los *progrom*.

Pero si Stolypin no persiguió individualmente a los hebreos, les hizo colectivamente más mal que si hubiera exterminado friamente algunas decenas de miles. Él sólo les hizo más mal de todo el que sufrieran durante medio siglo de parte de todos los ministros, los gobernadores, los gendarmes y los policías del zar. De hecho, es fácil comprender que para toda la variedad de pájaros migratorios vivientes en la ubicuidad y en movimiento perpetuo, para todas las categorías de parásitos que viven gratuitamente a expensas de las penas y del trabajo ajeno, el sistema económico de Stolypin estaba por representar un verdadero cataclismo.

Ahora, los no hebreos que llevaban esta vida fácil en perjuicio de las poblaciones laboriosas y sedentarias, porque el mal ejemplo los había seducido y desmoralizado, no la ejercían sino facultativa y ocasionalmente. Ellos podían siempre adaptarse de nuevo a las condiciones de vida que habían sido las de sus antecesores. Pero para los hebreos, que nunca habían vivido de otra manera, este modo de ser era normal y si a ellos se les hacía imposible continuarlo, no les quedaba más que desaparecer, emigrar.

Así, como nunca en Rusia, en los tiempos de Alejandro I o en aquellos de Alejandro II (y desde cuando los zares, desmembrando Polonia, habían heredado los hebreos), hubo tantas peticiones de pasaporte para los Estados Unidos. El gobierno no se hacía rogar para otorgarlos, y fue, por tanto Stolypin el que contribuyó poderosamente al aumento de la población en los *ghettos* de las metrópolis del nuevo mundo.

Al igual que sus antepasados de los tiempos de Moisés, los miserables huían de Rusia, el nuevo Egipto, un lugar donde nunca estuvieron obligados a construir bajo el látigo las pirámides. Ellos percibían, cosa mucho peor, que en Rusia ya no había lugar para ellos y sus métodos. Pero sus potentes congéneres, que dirigían anónimamente los negocios del mundo, que controlaban las fábricas de la opinión pública y distribuían a la humanidad el crédito, después de haberlo presentado como cosa idéntica a la riqueza, no se resignaban así tan fácilmentea la pérdidaeventualde las riquezas incalculables del imperio ruso. Y es también probable que el hecho que se había encontrado alguien quien, por vía experimental, demostraba a su generaciónla existencia fuera del capitalismo y el socialismo, otras formas de vida y de relacionarse para el género humano, los haya hecho reflexionar.

Puesto que, en el mundo, todo es relativo, hubo, sin embargo, ambientes a los cuales Stolypin debía aparecer lo que Lenin y Trotzky han sido para sus contemporáneos conservadores, o bien, lo que Danton y Robespierre fueron para la buena sociedad del siglo XVIII, es decir, un perturbador peligroso del orden social y un demoledor de los valores aceptados. Era necesario luego, presentarlo como un opresor del pueblo y como un obstáculo al «progreso en marcha». A esto apuntaban las miles de voces de la publicidad servil ante el foro de las naciones hipnotizadas. Y se llegó a la conclusión que había que deshacerse de él lo más rápido posible y con cualquier medio, por temor a que él tuviese el tiempo para concluir su obra, y con ello dar al mundo un ejemplo que podía ser imitado.

Así podemos comprender por qué Stolypin, sin haber devoradoa nadie, era una fiera paralos periodistas; y también tal vez comprenderemos por qué un buen día, la residencia de este «monstruo» quedó reducida a un cúmulo de escombros, por una bomba arrojada por hebreoscamufladosde oficiales. Un centenar de inocentes murió y si el ministro resultó ileso, sus pequeños niños quedaron deformes. Esto sucedió al comienzo de su carrera de ministro. A continuación, los complots contra su existencia se sucedieron sin interrupción, pero la policía siempre logró desbaratarlos. Stolypin era demasiado inteligente como para necesitar este *memento mori* para saber que, habiendo emprendido dicha batalla,él difícilmente moriria de muerte natural: y comunicó a menudo a sus familiares dicho presentimiento.

Aquello que tenía que suceder, sucedió en septiembre de 1911, en Kiev, durante una representación de gala en la ópera. Durante un intervalo, mientras el primer ministro conversaba animadamente con el grupo que le rodeaba, un agente de policía, que era un judío, en tenida de gala, se acercó sin ser observado y descargó contra él su revólver.

Stolypin expiró algún día después. No era sólo un ministro que moría; desde el punto de vista histórico, era más que un zar, puesto que, en realidad, era el zarismo, la Rusia imperial la que fue herida de muerte. Y si Rusia no moría, como Stolypin, algún día después de esta herida, ella, sin embargo, debería expirar a causa de ella algunos años más tarde.

El público, el gran público, y también una parte del pueblo, tuvo el presentimiento de lairreparable desventura nacional que había golpeado a Rusia. Pero Europa no dio tanta importancia a dicho suceso, cuyas consecuencias se les escapaban. Y aún hoy Europa no se ha dado cuenta que el homicidio de Kiev, en la concatenación de causas y efectos que han determinado el futuro, fue probablemente un hecho tan grave como el asesinato de Sarajevo.

Es posible que si Stolypin hubiese vivido, no habría habido guerra y que, si hubiera habido, Rusia habría hecho un mejor papel. En cuanto a la revolución, ella habría sido verosímilmente prevista y evitada, a pesar de la guerra; pero el « destino » o la « evolución cósmica », términos que en dichos casos son sinónimos de conspiración oculta, había decidido que fuera de otro modo.

La obra inconclusa de Stolypin declinó rápidamente luego de su muerte. El gran hombre, que Rusia había perdido, no dejó una posteridad espiritual capaz de continuar esta obra y, por lo demás, la guerra mundial ya estaba cerca.

Cerraremos este capítulo con una comparación entres dos hombres que se encontraron en el escenario en la época del crepúsculo zarista, Witte y Stolypin, porque dicha comparación es también aquella entre dos métodos y dos sistemas, por lo que ella es válida más allá del ámbito simplemente ruso.

Prescindiendo de las estrechas relaciones que Witte mantuvo con los ambientes israelitas y de los objetivos secretos que él pudiese cultivar, él y Stolypin, en el fondo, querían una misma cosa: un estado potente, sólido y próspero, un estado materialmente moderno, en el cual todas las posibilidades latentes, fueran valorizadas entiempos de paz, para poder ser movilizadas en tiempos de guerra.

Stolypin no quería un país exclusivamente agrícola y no rehuía las perspectivas de la industria, puesto que ello habría presupuesto un conservadurismo rayano en la idiotez. Y Witte, por su parte, no quería hacer de Rusia un paraje súper-industrializado, en menoscabo de la agricultura, puesto que ello habría supuesto un progresismo llevado hasta la demencia.

Ambos querían las mismas cosas, pero eligiendo vías diferentes.

Witte se imaginaba el estado futuro como una nave azotada por las olas del crédito sobre el océano de la ubicuidad fluida internacional. Quería un estado similar a los estados capitalistas de Europa y de América, que se mantienen en equilibrio, no tanto por mérito de sus recursos sino que mediante un continuo jugar, hasta el momento en el cual ninguna apuesta va más.

Stolypin, más original, se lo imaginaba como una fortaleza edificada sobre el suelo y el subsuelo nacional, con su fundamento en la profundidad de la tierra firme heredada de sus ancestros. Para construir este estado era necesario un tiempo mayor, pero el único riesgo que corría su construcción era la de ser interrumpida antes de su término.

Witte creó automáticamente un ejército de proletarios que tenían todas las de ganar en una insurrección, ejército sin el cual, hebreos y comunistas no habrían contado con los efectivos necesarios para hacer la revolución. Stolypin, con pleno conocimiento de causa, creó, en cambio, un ejército de propietarios por naturaleza e instintivamente solidarios con el orden social, el cual, si hubieren intervenido circunstancias favorables, habrían podido proporcionar los efectivos para la contrarrevolución.

Witte trabajó para una provincia de la ubicuidad internacional y la única beneficiada con su trabajo tuvo que ser fatalmente la «Internacional del Oro» y la «Internacional Roja». Stolypin, en cambio, trabajó para el zar, para Rusia y para los rusos. Pero no contó con su muerte prematura m con una guerra mundial prematura.

Si Witte hubiera conducido hasta el fondo su empresa, Lenin, Trotzky y Stalin y sus mandantes habrían encontrado las cosas más fáciles. Si Stolypin hubiese tenido tiempo para cumplir su obra, los bolcheviques no habrían encontrado la palanca necesaria para levantar la sexta parte del mundo, y su actividad se habría reducido a atentados aislados y poco relevantes contra singulares personas.[48]

---

[48] Nota de la edición en italiano: Entre otros autores, también Pietro Antonio Zveteremich y Emst Nolte mencionan con mucho respeto la figura de Stolypin. Zveteremich en su libro *Il Grande Parvus*, Garzanti, Milano 1988, seiiala que: «Rusia vivía, de hecho, bajo la guía del ministro Stolypiu, una época de desarrollo económico, de libertad nunca antes vísta, una época liberal que daba sus frutos en todos los campos, que en arte y literatura fue llamada la *edad de plata*. Después de 1906 y gracia sobre todo a la visionaria política del ministro Stolypin, el desarrollo cívico del país había ido de paso paralelo con el desarrollo económico. El sistema

# Capítulo XV

## LA REVOLUCIÓN DE MARZO DE 1917.
## LA INTERVENCIÓN AMERICANA

Con la desaparición de su más ilustre servidor, el zarismo entró en agonía.

También en la órbita de los colaboradores más íntimos de Stolypin, entres los cuales dos, Kokovtsov y Krivoshein, que dieron prueba de gran valor, uno en las finanzas y el otro en la agricultura, no se encontró ya una persona capaz de sucederle y de imponerse, como él había sabido hacer, a los partidos políticos y a la corte.

---

político se basaba ya sobre principios constitucionales, que garantizaban a los ciudadanos las mismas libertades y derechos de los países europeos: plena libertad de prensa, derecho a huelga, enorme difusión de la enseñanza desde la primaria obligatoria a aquella universitaria del todo autónoma; amplio desarrollo de la asistencia social y del movimiento sindical y cooperativo." Nolte en su libro *Der Europäische Bürgerkrieg 1917-1945. Nationalsozialismus und Bolschewismus*, Propylaen Verlag, Frankfurt, 1989, señala que: "En el periodo de la colectivización el blanco estuvo representado por los campesinos relativamente bien situados que administraban autónomamente sus bienes y no era errado suponer que por esta razón fue definitivamente derrotado el tentativo de Stolypin, pero no sin perspectiva o profundas motivaciones, ya que, yendo contra la corriente respecto de la tradición colectiva, del *mir*, él se proponía de inaugurar una línea occidental individualista del desarrollo agrícola contemporáneamente a la industrialización."

Aparentemente, la muerte de Stolypin no había cambiado nada. Eran los mismos ministros, la misma Duma, la misma burocracia, el mismo personal. Pero, en realidad, por el hecho que sobre cien millones de hombres había uno menos y sólo éste tenía la estatura de jefe, una vez muerto Stolypin, todo siguió desordenada y caóticamente, principiando por la corte imperial. Y así debía ser desde ya, digamos, no hasta la caída del régimen, porque un régimen en sí de nada sirve, sino hasta el adviento de un nuevo jefe. Desgraciadamente, este jefe fue Lenin, con el que la agonía debía terminar y el infierno debía comenzar.

Después del asesinato de Stolypin, la debilidad y los titubeos de Nicolás II aumentaron aún más.

No encontrando a nadie en quien apoyarse, el zar terminó por no saber si era él mismo, o bien todo lo que estaba a su alrededor, lo que vacilaba.

Tironeado desde todas partes, el emperador ya no sabía a qué santo encomendarse. El hecho de haber nacido en el día del santoral dedicado a Job, le parecía ya un signo fatal. Tampoco sabía en quién confiar, puesto que respecto de distintos órdenes de cosas, la familia estaba dividida. El zar rezaba ardientemente a Dios, que no lo inspiraba. Poco a poco, llegó a tener confianza sólo en los oráculos, en los espiritistas, en los adivinos y en toda especie de presuntos magos o iniciados, que comenzaron a pulular alrededor de Tsárskoye-Seló, del que la pareja imperial ya casi no salía.

El 8 de marzo de 1917 la revolución estalló, asumiendo de inmediato proporciones alarmantes.

Al menos moralmente, la *Entente*[49] la respaldó. Los futuros miembros del gobierno provisorio se reunían frecuentemente con el embajador británico, sir George Buchanan. El zar protestó entonces frente a Inglaterra, denunciando que el representante de ella, sostenía a los enemigos del gobierno imperial. Se respondió fríamente que no se tenía a nadie para reemplazar a sir Buchanan; y éste se quedó.

Otras fuerzas trabajaban contra el zarismo y en primera fila estaba el hebraísmo internacional

«No existía ni una sola organización política (revolucionaria) en este vasto imperio, que no fuera influida por hebreos o dirigida por ella. El partido social-demócrata, los partidos social revolucionarios, el partido socialista polaco, todos tenían a hebreos como jefes.

Plehve tenía tal vez razón al decir que la lucha por la emancipación política en Rusia y la cuestión hebraica eran prácticamente idénticas», escribió un autor hebreo fanático guerrillero de la revolución, proclamando luego: «a un más alto grado de cualquier otro grupo étnico, (ellos los hebreos) han sido los artífices de la revolución de 1917."[50]

El zar cayó. Un grito de júbilo saludó su caída. La prensa de la *Entente* fue unánime. Ni una sola voz se levantó para

---

[49] La *Entente Cordiale* fue básicamente un tratado de no agresión en base a diversos acuerdos firmados entre Inglaterra y Francia, firmados a partir del 8 de abril de 1904, teniendo por propósito acabar con varios siglos de diferencias entre estos países y allanar la colaboración diplomática para hacer frente a Alemania. especialmente luego de la Primera Guerra Mundial.

[50] Nota de la edición en italiano: Angelo Solomon Rappoport, *Pioneers of the Russian Revolution*, London, Stanley Paul & Co., 1918.

tomar la defensa de quién le había sido un aliado fiel hasta la muerte.

Según la princesa Paley, Lloyd George exclamó: «uno de los objetivos de la guerra de Inglaterra ha sido alcanzado». La *Entente* aprobó con entusiasmo el nuevo orden de cosas.

«Francia en 1793 tuvo en su contra, si no los pueblos, por lo menos los gobiernos de toda Europa, mientras la Rusia revolucionaria de 1917 es sostenida, secundada y ayudada por las democracias del mundo entero», escribía entonces Vandervelde, que era uno de aquellos que la *Entente* había enviado a Rusia para llevar a la revolución el saludo de las democracias occidentales.

Se festejaba por esta revolución «sin sangre».[51]

En cambio, la sangre corría. Los soldados comenzaron a masacrar a los oficiales. En la flota de Helsingfors, en Kronstadt y en Odessa tuvieron lugar verdaderas matanzas. El almirante Nepenin fue asesinado y su cuerpo quedó tres días expuesto en la plaza a los insultos de la multitud. El almirante Vire, comandante de Kronstadt, fue atado a un poste y quemado vivo delante de su hija. En los hospitales, los oficiales enfermos o heridos eran ultimados a golpes de bayoneta.

El zar firmó el acta de abdicación entre las once y la media noche de la noche del 15-16 de marzo de 1917.

En este punto crítico del cambio de folio de la historia, los revolucionarios no cometieron la irreparable imprudencia de mostrar su verdadero rostro. Sin exponerse demasiado, ellos

---

[51] Nota de la edición en italiano: Emile Vandervelde, *Trois Aspects de la Révolution Russe*, París, Berger-Levrault, 1919.

habrían podido pronunciar la palabra «república». Pero, al hacerlo, habrían arriesgado la pérdida de gran parte de los generales, los cuales, si hubiesen sabido que abandonando el zar el zarismo habría terminado, se habrían opuesto.

Los acontecimientos nos han demostrado hasta qué punto los agentes invisibles jugaron hábilmente, mostrándose moderados en sus exigencias.

Cuando Gutchkov, delegado de la Duma, llegó a Pskov, cuartel general del ejército del norte, donde se encontraba Nicolás II y le propuso abdicar, este último le devolvió firmada, sin discutir, el acta de abdicación ya redactada en la forma deseada; luego, dirigiéndose a uno de sus ayudantes de campo, Nicolás II habría pronunciado estas palabras: «si hubiere estado Stolypin, todo esto no habría sucedido».

Nicolás II tenía razón. Lo único inesperado era que el zar no abdicaba a favor de su hijo, menor de edad, débil y enfermo, que él quería a su lado, sino a favor de su hermano Miguel, que así devenía no en regente, sino en legítimo emperador.

Desgraciadamente para Rusia, la debilidad y la ligereza de este príncipe no podían compararse más que con su ingenuidad. Por lo demás, él no tenía el mínimo deseo de reinar en condiciones tan peligrosas.

Casado morganáticamente y contra la voluntad del jefe de familia, con la mujer divorciada de un oficial de la guardia, había sido exiliado y no había recibido la autorización de regresar a Rusia sino al momento de la declaración de guerra. Su boda había sido un escándalo y el granduque Miguel no era el hombre a la altura de la situación.

También él se daba perfectamente cuenta de ello. Dos días después de la abdicación de Nicolás II, los líderes representativos de la Duma lo persuadieron fácilmente que, de su parte, habría sido un hermoso gesto postergar su ascenso al trono y atenerse a lo que habría decidido una pretendida voluntad nacional, que la futura constituyente, elegida con un sufragio igualitario directo y universal, habría expresado. *Vox Populi, Vox Dei* y nadie sospechaba que la *Vox Dei* habría sólo podido ser la *Vox Judei*.

Era luego un modo de abdicar sin abdicar; haciendo un acto fonético de cortesía hacia el pasado, era un esconderse detrás de las palabras. Y así fue que, en menos de una semana, en dos tiempos, el zarismo dejó de existir. La habilidad usada en este juego de prestidigitación no podía ser mayor, puesto que si se hubiese querido realizarlo de un solo golpe, ello habría sido imposible.

En Pskov, Nicolás II había creído de buena fe que abdicaba en favor de su hermano. Si hubiese sabido exactamente qué cosa se le estaba haciendo hacer, él, encontrándose rodeado por generales que no eran todos traidores de la dinastía y del régimen, se habría probablemente rehusado a firmar, y todo lleva a creer que una guerra civil se habría desatado tras su negativa.

Llegado a Tsárskoye-Seló, el emperador vino a saber que él, de hecho, había abdicado a favor de la república, sobre cuyo adviento ya nadie dudaba. Y vino a saber, entre otras cosas, que la emperatriz ya había sido internada y que él mismo era considerado un prisionero en su palacio. No se había perdido tiempo.

Simultáneamente, el comité provisorio de la Duma había sido sustituido por un gobierno provisorio, cuyo jefe nominal, en calidad de primer ministro y de ministro del interior, era el príncipe Lvov cuya familia se remontaba, por lo que parece, a Rurik.

En este periodo se insistió de tal manera que el linaje de este príncipe fuera más antiguo que el de los Romanov, que se sospechó que su pensamiento secreto fuera el de fundar una nueva dinastía, aprovechando el ambiente turbio y el desorden.

Él creía que desde los tiempos de Boris Gudonov nada había cambiado, pero el príncipe Lvov se encontró rodeado de personas aún más hábiles que él.

Éstos, a su vez, eran manejados por otros más hábiles y esta cadena conducía a los hebreos de sangre y de espíritu, en general, al frente oculto que se preparaba para aplicar, al final de dicho siglo, un programa extrañamente parecido a aquel de los *Protocolos de los Sabios de Sión*.

El ritmo de esos ocho meses de revolución preliminar puede ser comparado al de Isis que se despoja poco a poco de sus velos.

La leyenda acreditada, según la cual habrían tenido lugar dos revoluciones diferentes, una buena y deseable, aquella democrática de marzo, y la otra mala y detestable, aquella de noviembre, es absolutamente falsa.

La revolución rusa ha tenido un solo y único contenido dinámico. Tres escuadrones de obreros han trabajado para ello.

La primera escuadra compuesta por Rodzianko, Shulguine, Nekrasov, Miliukov, Gutchkov y otros, tiró la semilla, o dejó sembrar, lo que es lo mismo. La segunda, aquella de Kerensky, Tchernov y compañía cosechó los frutos y la tercera, de Lenin, Trotzky, Zinóviev y compañeros sirvió a la mesa del amo.

El amo, o, más exactamente, el elemento activo, investido del poder en la empresa de las demoliciones y de las reconstrucciones, no se privó de manifestar sus sentimientos desde el primer momento, sin esperar los acontecimientos de noviembre.

En su calidad de ministro de relaciones exteriores, en un estado provisorio que ya no era una monarquía sin ser aún una república, el profesor Miliukov, ya líder de los cadetes, los cuales a la gente le parecían un partido moderado, recibió un cablegrama desde Nueva York que era, en esencia, de felicitaciones al general vencedor de una gran batalla. Este cablegrama llevaba la firma de un gran financista hebreo americano, Jacob Schiff.

Un ministro normal, encontrándose en el lugar de Miliukov habría quedado sorprendido. El erudito profesor, que en París siguió gozando de una alta consideración y a ser considerado como una victima muy interesante, en lugar de uno de los primeros artífices de la tragedia rusa, se sintió por ello profundamente honrado. Y en lugar de responder a Schiff con un: «¿En qué se inmiscuye? ¿Acaso yo lo felicito a usted cuando lleva a cabo una operación lucrativa en Wall Street?», él se expresó en términos que revela, y es lo menos que se puede decir, una perfecta comunión de sentimientos.

Este hecho es tan significativo, que deja estupefactos: derogando la regla secular del anonimato, uno de los príncipes de la conspiración mundial, por una vez, había salido del escondite.

Esto indica hasta qué punto se creía, en aquellas partes, que el partido ya en 1917 estaba definidamente ganado, no sólo en Rusia, sino en todo el mundo. Luego del derrumbe alemán, la Conferencia de París debía terminar de poner el mundo a los pies de la finanza internacional. Y estando seguros del triunfo, no se sintió ya la necesidad de tomar en cuenta la opinión pública.

Es así que los hombres de las revoluciones de Hungría, de Austria, de Baviera y de Alemania fueron casi exclusivamente israelitas de raza, en lugar de los testaferros y fantoches reclutados de la hueste de los incircuncisos y sujetos por la cuerda de Israel. Nunca se había visto algo parecido. Pero, apenas vislumbrado que dicho modo de proceder era prematuro, se volvió a los antiguos métodos.

Fue la revolución de marzo y no la de noviembre la que recibió, con las felicitaciones de Jacob Schiff, una especie de investidura por parte de Israel. Algunos creen ingenuamente que las cosas se desarrollaron así, porque la revolución de marzo era la única deseable desde el punto de vista hebraico, mientras aquella de noviembre, de tanto querer hacer las cosas bien, había sobrepasado los límites asignados y se había constituido en una revolución de la revolución. La verdad es que, para los iniciados, la segunda revolución fue sólo la continuación de la primera, tanto así que no se sintió la necesidad de repetir las palabras convencionales pronunciadas en el momento de poner la primera piedra. El edificio no será consagrado hasta no estar terminado y el no lo estaba aún. Con la colaboración premurosa de una cierta Europa y de Estados Unidos, la obra prosigue, bajo diversas etiquetas.

Después que la abdicación del zarismo siguió a la del zar y después de la promulgación del *Prikaze N°1* (Decreto N°1),[52] que destruyó la última esperanza de una contrarrevolución, el cataclismo ruso entró en su fase decisiva.

---

[52] Orden que corresponde a un decreto oficial elaborado por el *soviet* de Petrogrado en el cual se establecía que las normas fijadas por el gobierno provisional ruso serían acatadas sólo si éstas no eran contradictorias a los criterios de la asamblea del *soviet*. Esto en directa alusión a que en caso de ser necesario los soldados podrían desobedecer a sus oficiales.

El *Prikaze Nº1* había sido concebido con una genialidad tan diabólica, que, por si mismos, los delegados de los obreros y de los soldados de la región de Petersburgo nunca habrían sido capaces. Este documento no se inspiraba a ninguno en la historia, puesto que nunca y en ningún lugar al otro día de una revolución un documento de dicha factura había sido compilado.

El *Prikaze Nº1* era el asesinato del ejército ruso. Despedazaba no sólo su arrojo y su espíritu, sino que también su esqueleto, su estructura y los transformaba en un cuerpo lacio e invertebrado. En materia de fuerza combativa, tanto nacional como contrarrevolucionaria, el ejército había terminado. Una fuerza, la nacional, había sido saboteada, o mejor dicho, estrangulada, para no tener que tener miedo de la otra, aquella contrarrevolucionaria: de otro modo, el dinamismo del progreso revolucionario habría estado comprometido, o por lo menos, amenazado.

Una cosa fue deliberadamente sacrificada a la otra: el interés menor de Rusia, aliada de Francia y de Inglaterra, al interés evidentemente superior, del frente de la subversión.

Rusia no fue liberada del dominio zarista por Lenin y Trotzky. Dicho mérito le corresponde, en cambio, a aquellos «espíritus nobles, generosos e iluminados» que llegaron a dicho resultado con la aprobación más o menos benévola de los embajadores aliados. Esta obra suya, la de los franceses y los ingleses, incluyendo a muchos conservadores, por no hablar de los Estados Unidos, que parecía esperar precisamente estos acontecimientos para salir de neutralidad y atacar a Alemania, la aplaudieron sinceramente.

El *Prikaze N°1* no enfrío dicho entusiasmo, pero sí al año siguiente debía dar lugar a imprecaciones e injurias, frente al tratado de paz de Brest-Litovsks,[53] acordado entre Alemania y los continuadores de la obra de los «hombres generosos e iluminados» que lo habían hecho inevitable, destrozando el ejército ruso y volviéndolo totalmente incapaz de continuar seriamente la guerra.

Mientras tanto, se había proclamado la amnistía general. Las puertas de las cárceles y de las letrinas penales se abrieron de par en par y no sólo los detenidos políticos, sino también los malhechores de derecho común se esparcieron en las calles y en los campos.

Todos los terroristas, que durante el último cuarto de siglo habían ensangrentado el imperio zarista, todos aquellos que para escapar de la horca habían debido huir a los bajos fondos de Londres, París, Nueva York o Ginebra, volvieron a Rusia. Fueron recibidos como héroes sin mancha y sin miedo, y algunas veces el mismo ministro de justicia en persona, Kerensky, se tomó la molestia de ir a recibir y a saludar a la estación estos mártires gloriosos.

El tercer gran gesto del «progreso» tuvo lugar el 14 de abril. Un decreto anunció la reforma agraria radical, la confiscación sin indemnización de todas las propiedades agrícolas que excedieran un cierto número de hectáreas. Era un medio para dejar en la calle a toda la nobleza. Pero nada les fue

---

[53] Firmado el 3 de marzo de 1918, este tratado de paz entre la Rusia soviética y los imperios centrales -entre ellos, el imperio alemán, el imperio otomano, el imperio austro-húngaro y Bulgaria-, puso fin a la participación de Rusia en la Primera Guerra Mundial, y tuvo como consecuencia inmediata la renuncia de Rusia sobre los territorios de Finlandia, Polonia, Estonia, Curlandia, Lituania, Ucrania y Berasabia, consolidando la independencia de estos países. La posterior derrota alemana en noviembre de ese año anuló este tratado, imponiéndose posteriormente el conocido tratado de Versalles.

quitado a los burgueses que vivían de rentas, a los dueños de acciones u obligaciones, a quienes vivían de profesiones lucrativas, a los campesinos y a los llamados *kulaki* que constituían la masa del campesinado.

Sólo veinte años más tarde, todo lo que antecede habiendo sido barrido, se sintieron lo suficientemente fuertes como para barrer también estas categorías. Por el momento, al campesino, grande o pequeño, al obrero y al propietario propiamente dicho, se les dejaba el rol de «animal de tiro» de la revolución. Los unos y los otros deberían creer ser los beneficiados de la inversión que se llevaba a cabo y constituir un frente común.

Los habitantes del antiguo imperio estaban divididos en estratos superpuestos. En cada etapa del progreso, aquello que estaba en lo alto debía ser destruido con la ayuda de los estratos que estaban inmediatamente debajo. La dinastía ya había sido eliminada con la ayuda de la nobleza terrateniente, de la burguesía pudiente, de los ambientes intelectuales y del pueblo. Le tocaba ahora el turno a la nobleza, que debía ser eliminada con la ayuda de la burguesía. El ritmo de la revolución, a partir del primer día, fue siempre el mismo y nunca cambió.

El aristócrata Lvov, el burgués erudito Miliukov, el abogado revolucionario Kerensky, el terrorista Tchernov, luego Lenin, Stalin y compañía, no fueron sino los ejecutores sucesivos de un mismo plan originario ininterrumpido.

Los narradores y los historiadores que hablan de un andar vacilante de la revolución rusa hasta el adviento de Lenin caen en grave error, puesto que la consideran primero en función del interés de la clase media, luego del campesino y por fin, del proletariado. Si en cambio la consideraran de principio a fin, exclusivamente en función del frente oculto internacional, que exigía la eliminación masiva de la dinastía, de la fuerza militar, de la aristocracia pudiente, de la burguesía participante y de la pequeña propiedadrural, ellos constatarían fácilmenteque la revoluciónrusaconstituyeuna continuidad dinámica regulada con una coherencia admirableymeticulosayqueningúnproceso eliminatorio fue efectuado de una sola vez, antes que un proceso eliminatorio y preparatorio hubiese prevenido todo riesgo.

Sin embargo, si en Petersburgo y en dos o tres grandes ciudades se estaba aún en el *Jour de Gloire* con relativos cortejos, fanfarrias, discursos y orgías, en los campos y en todo el resto del imperio se estaba ya en el *Grand Soir*. A lo largo y ancho, Rusia estaba iluminada por los incendios de los antiguos palacios, de las haciendas, de los parques y de los bosques.

Los instintos atávicos de los *mujiks*,[54] cuya salvaje naturaleza había sido frenada sólo por el miedo, se habían despertado repentinamente al escuchar que ellos no sólo no tenían ya que temer a Dios ni a su patrón, sino que ellos mismos eran este Dios y este patrón.

Los *mujik* dedujeron que, todo siendo ellos, de ellos y para ellos, aunque fuera sólo para persuadirse de la realidad de semejante poder, lo único que hacía falta era comer, beber, golpear, saquear, robar, ultrajar, torturar, incendiar, destruir y matar, atributos indiscutibles de la omnipotencia.

Ya en este período, que los virtuosos de la pluma que califican de idílico, y ya muchos meses antes de la aparición de los bolcheviques propiamente dichos, la desolación y las abominaciones reinaron en Rusia. Se confundió la capital con Rusia. En Petersburgo no se hablaba sino de libertad, igualdad, hermandad y justicia, con gran enternecimiento de los

---

[54] Los *mujik* eran los campesinos rusos que no fueron dueños de propiedades hasta 1917 cuando se desató la revolución rusa.

extranjeros e incluso de muchos rusos de las ciudades, entre los cuales hubo convencidos que, sin la llegada de Lenin en el vagón sellado, la noble y generosa revolución democrática habría realizado algo parecido a un reino de Dios sobre una parte de la tierra.

En cambio, sólo la cáscara exterior de la subversión rusa, destinada en ser la primera en desaparecer al contacto de la tierra, podía, estrictamente hablando, parecer liberal y humanitaria. El núcleo interno era ya socialista; y finalmente, la semilla contenida dentro de este núcleo era hebreo-comunista y como tal debería manifestarse a medida que los estratos sucesivos concéntricos se pudrían o eran absorbidos por él.

Consideremos ahora los pormenores históricos de esta revolución.

En los primeros días de mayo, en la mitad de este período idílico, estalla en Petersburgo una nueva revuelta. Destacamentos de obreros, armados por una mano desconocida, a los cuales se había plegado un regimiento, asume una actitud amenazadora. Miliukov y Gutchkov, aquel que había arrebatado de la mano de Nicolás II el acta de abdicación y que, ministro de guerra, había tolerado el *Prikaze N°1*, entregan sus dimisiones entre los alaridos del populacho que grita «¡ipaz!». Simultáneamente, Maurice Paléologue, embajador de Francia, se retira, junto a los socialistas franceses derrotados, que habían llegado a Rusia para conmoverse ante la revolución liberadora.

Por causa de ello, el gobierno provisorio debía ser reconstituido, y lo fue, como era predecible, en el sentido de un deslizamiento a la izquierda.

El nuevo gobierno era un gobierno de coalición, pero esta vez la absoluta mayoría era para el *soviet*, del cual Kerensky constituía el alma.

En esta nueva híbrida combinación, Kerensky se adjudicó el ministerio de guerra. Él pretendía levantar la moral del ejército y detener a aquella descomposición que había sido su obra. Quería vencer a Alemania, no con la estrategia y la táctica, sino con la dialéctica y la retórica. Y aspiraba también a transformar en irresistibles divisiones y brigadas, que estaban hechas polvo, con métodos análogos a aquellos con los cuales Orfeo había triunfado sobre las fieras.

Es muy posible que Kerensky, como los **matadores occidentales de su partido**, los Vandervelde, los Branting, los Thomas, los Henderson y demás, hayan querido ingenuamente la paz blanca llamada democrática, la paz que debía concluir expulsando los regímenes monárquicos o republicanos burgueses del poder, por medio de las clases llamadas trabajadoras de los países beligerantes; en resumen, la paz que, por medio de una serie de huelgas simultáneas, preludio de una revolución general, habría debido hacer cesar de común acuerdo el conflicto armado.

En un socialista que, además de su ambición, no tenga otro objetivo que el triunfo del socialismo, este razonamiento era lógico; sin embargo no lo era, para aquellos que el socialismo utópico no constituía un fin, sino sólo un medio para conquistas ulteriores.

Nadie ha comprendido por qué Estados Unidos declaró la guerra a Alemania. El imperio alemán no constituía para este país ningún peligro, ni presente ni futuro. Para provocar su derrumbe, el país del norte invirtió miles de millones y envío casi dos millones de combatientes, improvisados apresuradamente, al otro lado del Atlántico. En los anales de esa pacífica república nada semejante había sido visto anteriormente.

El motivo oficial de la intervención era vengar el torpedeamiento de una nave inglesa, a bordo de la cual se hallaban algunos americanos en víaje de placer, a pesar de que el embajador alemán había tenido la precaución de advertirles de no hacer la travesía bajo las banderas de las potencias beligerantes. La desproporción entre la causa y el efecto es de tal envergadura, que todas las frases sentimentales e infladas hechas circular para la ocasión, sólo podían ser tomadas en serio por jóvenes absolutamente desprovistos de toda experiencia de la vida, o bien, por gente que había recibido la orden de no profundizar los entretelones de los acontecimientos.

Aún menos puede explicarse por qué el presidente Wilson, que era una criatura del capitalismo, del hebraísmo y de la masonería, haya demorado hasta mediados de marzo de 1917, y toleró el apertrechamiento de ambas partes beligerantes por parte de la industria americana; y porque precisamente y sólo a partir de aquella fecha todo el aparato de la prensa transatlántica se lanzó con extrema violencia contra Alemania.

Nosotros vemos, ahora, que todo es muy simple: **hasta mediados de abril de 1917 era necesario que la monarquía de derecho divino alemana fuera ayudada a aplastar a la monarquía de derecho divino rusa. En aquella fecha, dicho objetivo había ya sido alcanzado, la cosa estaba hecha y era necesario, ahora, ayudar exclusivamente a las grandes democracias occidentales, con el fin que ellas, a su vez, aplastasen a la monarquía de derecho divino alemana.**

En tales condiciones, Rusia era reemplazada ventajosamente por Estados Unidos y podía ser abandonada a su destino, que era el de terminar aún más bajo que el socialismo, sin que resultase de allí un eventual peligro para aquel mundo futuro, «en el cual la democracia podría encontrarse a gusto (Wilson). »⁵⁵

---

[55] Nota de la edición en italiano: Para una más amplia lectura confirmativa de la tesis de Malynski en esta parte de la obra, se puede consultar a Pietro Antonio Zveteremich, *Il Grande Parvus*.

EMMANUEL MALYNSKI

## Capítulo XVI

## De Kerensky a Lenin

Los tentativos hechos por Kerensky en Rusia, para llegar a una paz democrática, sobre la base de un sabotaje general por parte de los partidos socialistas de las naciones beligerantes, resultaron vanos.

Una cosa era, sin embargo, clara: si Rusia hubiese perseverado en continuar la guerra hasta el fondo, habría sido la revolución la que hubiera llegado al fondo.

Aquello que Kerensky temía, no era la revolución hasta el fondo, sino la contrarrevolución en el caso que la victoria hubiese sonreído a los dos emperadores de la Europa central. Y él razonaba como un hombre de la extrema izquierda, si bien no estaba en conocimiento de la última palabra de la conspiración mundial.

Kerensky no veía a Francia e Inglaterra contra Alemania y Austria en el terreno nacional; pero, en el conflicto en curso, muy justamente, siendo ese el sentido más profundo de la conflagración, vislumbraba un duelo titánico entre el **medioevo bárbaro y la sonriente democracia surgida de la Revolución Francesa**.

El zar había perdido el trono por no haber captado este carácter oculto de la guerra y haber aceptado la causa de la democracia contra soberanos que, en el espíritu, eran los últimos exponentes del derecho divino. Kerensky, democrático y socialista, tenía el derecho de preguntarse si la nueva república del progreso, de la cual era o se creía el fundador, podría evitar el mismo fin, en caso que desertase a la causa de los suyos, es decir, de la izquierda internacional. Naturalmente, actuando así, sobre todos los frentes internos de Europa habrían aumentado las posibilidades de la contrarrevolución, que la victoria del bloque monárquico había ciertamente conllevado. Ni Kerensky, ni ningún otro, salvo los iniciados, podían prever que, para conjurar semejante abominación, habría entrado aljuego Estados Unidos.

A Kerensky y a sus partidarios les daba repugnancia trabajar para los reyes, haciendo un apoyo ficticio a su favor: así como Nicolás II, sin sospecharlo, había trabajado para el triunfo de la democracia.

Los austro-alemanes no escondían sus intenciones respecto de las regiones en las que ellos eran dueños y, aunque aún vagamente, se hablaba de un rey de Polonia que habría debido ser un archiduque o un príncipe germano, e incluso a la unión de Polonia a Austria bajo el cetro del emperador. Se hablaba también de un gran duque de Lituania, de Ucrania y así diciendo, pertenecientes a familias reinantes alemanas.

La posición de Kerensky era, luego, sumamente difícil. Estipulando una paz separada con Austria y Alemania, él se habría puesto al margen de la democracia y contra la cruzada del progreso, haciendo el juego de los antedichos acólitos de los « tiranos ».

En el caso en que, en cambio, Kerensky hubiese decidido llevar la guerra hasta el final, habría desencadenado contra él aquella revolución que había salido del abismo y que lo había llevado a lo alto. La culpa, en todo caso, habría sido suya, habiendo él mismo creado esta situación sin salida.

De hecho, él ante todo había suprimido el principio del derecho divino que para el pueblo ruso, pueblo carente de un nacionalismo, había sido el único motivo de obediencia y lealtad; en seguida había despedazado el esqueleto del ejército promulgando el *Prikaze N°1*, y finalmente con la promesa de la división de las tierras, había excitado las masas hasta el paroxismo.

Kerensky, pequeño abogado, charlatán y astuto, demagogo de baja estatura, no sabía sobre cual pie bailar. Posando como tribuno, a continuación de circunstancias inauditas, se había transformado en dictador. Para su desventura, en cuanto a decisión y firmeza tenía aún menos que Nicolás II, y si la ausencia de dichas cualidades puede ser excusable en un emperador, ella es imperdonable en el jefe de una revolución. En resumen, Kerensky, saltimbanqui siempre sentado entre dos sillas, había querido los medios, pero no quería el fin. El retrocedía frente a los efectos de los cuales había determinado las causas, mereciendo plenamente las palabras de Lenin: «usted ya no confía en las fórmulas del pasado y aquellas del futuro os espantan; pero usted tragará estas últimas y ellas os ahogarán».

¿Pero, quién era el hombre que así hablaba y de dónde venía?

Era el jefe del partido bolchevique que, originariamente, había constituido el ala izquierda extremista de la social-democracia rusa.

En 1914, en el momento de la declaración de guerra, el grupo bolchevique en Rusia, había sido casi totalmente suprimido. Lenin había redactado un llamado, que fue lanzado por el comité central del grupo, en el que como consigna inmediata, él invocaba la transformación de la guerra nacional, llamada «imperialista», en guerra civil.

Así, él se había separado netamente de todos los otros revolucionarios en un punto fundamental. En ninguno de los países entrados en guerra un partido revolucionario había osado asumir una posición tan resuelta frente a los sucesos y declarar sin más guerra a la guerra, sin restricciones o reticencias.

El internacionalismo de los otros grupos internacionalistas era relativo y susceptible de acomodos oportunistas con las xenofobias recíprocas. El internacionalismo del grupo bolchevique, era en cambio, irreductible y absoluto, y por esto, superó sin oscilar y sin traicionar su principio, la prueba crucial de 1914.

Aquellos de entre sus miembros que se apartaron de la línea trazada - hubo, y no eran precisamente pocos -, fueron despiadadamente borrados de sus listas. A diferencia de los otros partidos, los bolcheviques rusos buscaban la calidad y no la cantidad.

Esta « línea », de la cual estaba prohibido apartarse y de la cual mucho se ha hablado en los últimos tiempos a propósito de la rivalidad entre Trotzky y Stalin, siempre ha existido. La disciplina de dicho grupo siempre fue inflexible y se ha mantenido por medio de incesantes depuraciones.

Los bolcheviques constituían, luego, el equipo selecto. Era como la reserva para el día en el cual, después del período anárquico y por tanto, destructivo de la revolución, fuera necesario proceder a la edificación del nuevo reino sobre las ruinas de lo que antes había existido.

Más específicamente, los bolcheviques constituían el elemento agresivo, queremos decir abiertamente agresivo y positivo de la revolución mundial, mientras los otros subversivos parecen haber tenido solamente la tarea de desintegrar, en forma preliminar, las posibilidades internas de defensa del orden social preexistente.

Por esta razón, si el bolchevismo sobrepasaba en brutalidad y cinismo a los otros partidos, por ellos fue superado en el ámbito de la hipocresía y la perfidia. Éste era, en realidad, un solo cuerpo y parecía saber exactamente lo que quería: era radicalistade la revolución el que la quería a fondo.

Después de la declaración de guerra, el partido bolchevique se eclipsó totalmente. Sus cinco diputados de la Duma y algún otro miembro de su comité central, entre ellos el famoso Stalin, fueron arrestados y encarcelados por el delito de alta traición. Las otras sectas revolucionarías, que estaban plenas de júbilo por la guerra democrática, los cubrieron de improperios.

El viejo Plekhanov, uno de los fundadores del partido, se había separado de este último. Preocupado menos por el *daimon* de la solidaridad de las izquierdas que por el del nacionalismo, se declaró partidario de la defensa nacional, que se identificaba a la cruzada de las democracias. Y los dos irreductibles, Lenin y Zinióviev,[56] habían huido al extranjero. Y Trotzky, si bien aún no era bolchevique, también había cruzado la frontera.

Más tarde, la prensa democrática de los dos hemisferios, describiría a estos pobres diablos, que arrastraban su miseria en habitaciones más que modestas de Londres, París o Ginebra, como grandes figuras que siguiendo el ejemplo de los profetas, en espera de la hora del destino, se habían sumergido en profundas meditaciones.

En realidad, la hora que esos criminales esperaban, era la hora de apertura de los cajeros de los bancos hebreos-americanos o de sus corresponsales europeos.

---

[56] Grigori Zinó,iev, cuyo nombre real era Ovséi-Gershen Aaróno,ich Apfelbaurn, fue también conocido corno Hirsch Apfelbaurn.

El Espíritu Santo que debía descender sobre las cabezas de estos futuros apóstoles de la nueva iglesia y que debía transformar en tigres estos parroquianos de pequeños cafés, era el maná en la forma moderna de cuentas abiertas en los institutos de crédito. Y los potentados de Nueva York no hacían aún llover este maná, porque consideraban oportuno jugar, hasta nueva orden, la carta de la democracia y de la anarquía, subvencionando el equipo precedente, que aún no había terminado el trabajo de demolición que se le había asignado.

Según un proverbio, que se remonta a la más alta «antigüedad», y que en nuestra época es de una actualidad asombrosa, «no hay fortaleza que no sea accesible a un asno cargado de oro».

Citando este proverbio, no queremos insinuar que Lenin y Trotzky fueran unos asnos. Pero de ahí, a ver en Lenin, en Trotzky y en sus cómplices una especie de divinidades infernales, y en aquello que han dicho o escrito, unas cargas de fuerzas misteriosas que han cambiado la faz del mundo, hay un largo trecho.

Aún suponiendo que sea un tanto exagerado desconocer la parte personal causada por estos energúmenos en los sucesos de 1917, queda siempre claro que el verdadero conquistador de Rusia no ha sido ninguno de ellos, como no lo fueron tampoco Miliukov o Kerensky.

Las ganas de actuar no les faltaban a los bolcheviques. Pero, no podían hacer mucho, porque el cazador mantenía estos perros sujetos con la correa y esperaba el momento oportuno para lanzarlos. Y, en este caso, lanzar significaba financiar.

En sus cuartuchos de Ginebra, Londres o París, los bolcheviques estaban impacientes y desolados de verse sobrepasados por los otros grupos revolucionarios. Hicieron gala de buena voluntad, tomando parte en el « congreso » de Zimmeiwald y de Kienthal, donde proclamaron *urbi et orbi* su programa de la revolución inmediata por medio del sabotaje de la guerra. Ellos, al mismo tiempo, imprimieron numerosos folletos clandestinos, en los que se preconizaban los métodos más rápidos. Pero, por la ausencia dolorosa de esos otros pedazos de papel, que los institutos de emisión mandan a imprimir y que los institutos de créditos reparten, había una enorme desproporción entre la agitación estéril de los bolcheviques, dejados a merced de sus propios recursos, y los resultados, que poco después ellos debían alcanzar.

Hace años que Trotzky había sido expulsado de Rusia, luego de Austria, de Inglaterra y de Francia. Al momento del golpe de estado de marzo, él se encontraba en Nueva York donde, esperando poder inducir misericordia en su dios, había ido a prosternarse ante el altar de Mammón. Recibido por su correligionario Jacob Schiff, el gran pontíficeque había telegrafiadoa Miliukov su alta satisfacción, obtuvo solamente hasta nueva orden, el mandato de volver a Petersburgo para vigilar de cerca la ortodoxia del equipo que había liberado del nuevo faraón la « tierra del cautiverio ».

A partir de ese día, Leyba (Levi) Braunstein, llamado León Trotzky se transormó en el ojo y el oído de la conspiración mundial. Este era ya un gran honor para el hijo de uno de los tantos hebreos piojentos de la Rusia occidental.

Trotzky comprendió y se embarcó con la convicción de que si cumplía a cabalidad su misión, el maná no tardaría en descender.

Al respecto, queremos reportar un episodio « sabroso ».

La nave noruega que debía transportar a Trotzky y su fortuna, fue inspeccionada en Halifax, Canadá, por las autoridades inglesas. El futuro brazo derecho de Lenin fue arrestado. Y fue Miliukov, ministro de relaciones exteriores de Rusia, a apresurarse a dar un paso diplomático para con el embajador de Inglaterra en Rusia, sir George Buchanan, para que su gobierno liberara este hebreo ultra indeseable y le permitiera seguir su itinerario hasta Petersburgo.

No sabemos si ha sido Jacob Schiff el que dictó este consejo imperativo al ministro efímero del gobierno provisorio, pero no sería nada improbable, siendo ésta la única hipótesis apta a explicar la inconmensurable estupidez de este gesto.

Evidentemente, nadie puede conocer en modo exacto la naturaleza de los coloquios que se desarrollaron en Nueva York, entre patrón y servidor. Pero lo que no está permitido ignorar, a pesar de una sistemática conjura de silencio de todos los más grandes órganos de información, que no es a nombre del incircunciso Lenin, sino al de Trotzky que fue luego abierta una cuenta en la sucursal de Estocolmo en el Banco de los hermanos Warburg y que fue este maná el que llevó al partido bolchevique al poder. Agreguemos que uno de estos hermanos Warburg era el yerno de Jacob Schiff, que el otro era el marido de su cuñada y que su corresponsal en Estocolmo, el banquero Zhivotovskii, era, por lo que se sabe, el suegro Trotzky.[57]

---

[57] Nota de la edición en italiano: El odio contra la Rusia zarista del hebreo Jacob Schiff era de antigua data: el grupo Warburg-Schiff-Kuhn-Loeb había ya subvencionado a los japoneses en su guerra contra el imperio ruso y Schiff, por esto, recibió una alta condecoración. En cuanto a los hermanos Warburg, se debe snbrayar que uno de ellos, ya en 1912, declaró que la creación del *trust* bancario americano por él presidido tenía en vista «el caso de una guerra», caso que, por lo demás, en aquel momento nada preanunciaba. En las memorias del embajador inglés en Estados Unidos desde 1912 al 1917, sir Cecil Spring Rice, *The Letters and Friendships*, Constable, 1929, se lee: «Negociar con Schiff y Warburg es como negociar con Alemania y Estados Unidos, en cuanto el mismo presidente Wilson me ha dicho que ellos son los árbitros del Departamento del Tesoro americano y que el gobierno está a ellos sometido. Aún más, me ha citado el proverbio: *quién choca contra Israel no tiene*

De parte suya, Lenin, que no tenía relaciones tan brillantes entre aquellos que figuran en el Gotha[58] de la raza electa, no perdía tiempo: en un momento, que creía sicológico, no dejándole dormir la falta de dinero, tuvo la idea que su lema: «la revolución por medio de la derrota», teniendo en la mira a todas las naciones beligerantes, en política podía referirse más directamente a la nación rusa. En tales condiciones, dicha consigna podia servir de base para una alianza momentánea entre el partido bolchevique y el estado mayor alemán, aún demasiado confiado en sí mismo, como para temer por el ejército o la nación alemana.

Feliz de esta ocurrencia, Lenin encargó a un hebreo, llamado Fürstenberg, quien vivía exiliado en Estocolmo, bajo el seudónimo de Ganetsky, donde se hacía pasar por polaco, de negociar esta alianza que habría podido proporcionarle subsidios.

---

*paz ni sueño*». Y en la Primera Guerra Mundial la internacional hebrea funcionó de mara,illas. Un Warburg (Max) quedó en Alemania, otro (Paul) estaba en América y un tercero (Félix) hacía de nexo entre ambos. Así, cualquiera de las dos partes que venciera, sus intereses quedarían igualmente tutelados. Y precisamente los Warburg fueron seleccionados como «expertos financieros» en la Conferencia de París. Además se han aclarado las conexiones existentes entre el mencionado trust financiero hebreo, el servicio secreto británico (*Intelligence Service*), y uno de los jefes de este último, el hebreo Emes!Cassel, socio de Schiff, y al mismo tiempo, *magna pars* de la Vickers, trust de construcciones navales y de material bélico. Se explican así algunas importantes conexiones del frente oculto. Recuérdese que precisamente la Vickers, faltando a sus compromisos de entrega de armas a Rusia, contribuyó especialmente a la postración del ejército ruso y que Inglaterra encontrase el modo de rehusar a Nicolás II el embarque en una nave británica, cosa que habria podido salvarle la vida.

[58] Almanaque Gotha (*Gothaischer Hojkalender*) corresponde a un registro documentado en el que se incluía el detalle de cada casa real europea, alta nobleza y aristocracia, comenzando su primera publicación en 1763y su última edición fue en 1944.

En el caso que su embajador no tuviera éxito en su intento, Lenin lo habría renegado y le habría hecho pasar por una agente provocador de la Okrana (la policía secreta del zar), estas cosas teniendo lugar poco antes del golpe de estado de marzo de 1917. Si Fürstenberg era fusilado, tanto peor para él, a los ojos de los bolcheviques la vida humana, incluyendo la de sus mismos camaradas, no contaba para nada.

Es verdad, que, para ellos, no se puede decir que los principios contaran mucho. Según Lenin, que, lejos de esconder su idea ingeniosa, siempre se ha vanagloriado de ella, «el dinero no tiene color». Siempre es bueno conseguirlo; cuando sirve a una buena causa, «el fin justifica los medios», sobre todo cuando el dinero procede de un tesoro imperial o simplemente de un burgués. De hecho, en tal caso, se trataría sólo de un adelanto de la restitución de aquello que ya había sido robado al proletariado y que forzosamente debía serle devuelto. Naturalmente, una vez terminado el juego, tal como en el pasado, el proletariado seguiría sufriendo, pero se dirá que ello es causado por él mismo, y, si muere de hambre, se dirá que ello es para las generaciones futuras.

La operación concebida por Lenin resultó maravillosamente. Los alemanes sólo pensaron en la ganancia inmediata y adhirieron. Fürstenberg, camuflado de Ganetsky, no fue fusilado, devino en cambio, por este camino, en comisario del pueblo en la sección comercio.[59]

Se asistió luego, a este hecho extraordinario: los imperios semi-feudales proporcionaban los primeros fondos a la acción del partido bolchevique. Pero Alemania debía espiar cruelmente

---

[59] Nota de la edición en italiano: Señalamos también la parte importante que, en estas negociaciones con el gobierno alemán, tuvo el misterioso hebreo internacional Parvus-Helphand, el que sostuvo con éxito, en Alemania, la tesis de la utilidad táctica de promowr en Rusia una forma extremista de revuelta.

esta circunstancia al día siguiente de su derrota, mientras Lenin debía ser el único beneficiario en perjuicio de las tres monarquías de derecho divino. Fue luego, él único que calculó justamente.

Esperando que los poseedores de los millones de la ubicuidad internacional se decidieran a abrirle sus billeteras, los subsidios germanos fueron sólo una especie de aperitivo.

Aquello que, al fin de cuentas, Lenin había logrado arrancar a Alemania, a los hombres del Antiguo Régimen, significaba una economía para los otros. Su habilidad le valió llamar la atención benévola del consorcio de Nueva York, que no debía tardar en asumirlo en su cargo más que a Trotzky, aunque Lenin fuera un *goi*,[60] ya que la vanidad privada de idealismos y el constante deseo de ponerse siempre en primer plano de Trotzky, les inspiraba menos confianza que el fanatismo sincero y desinteresado de Lenin.

Por lo demás, el estado mayor alemán era el único en grado de facilitar el retorno a su suelo patrio, del exiliado político, devenido paradojalmente en su aliado. La revolución de marzo había estallado en Rusia, y ya ninguna ley se oponía al retorno inmediato de todos los revolucionarios, incluidos los peores asesinos, convertidos en héroes y mártires.

Apenas recibida la feliz noticia, Lenin, que se encontraba en Zurich, envió cartas a sus partidarios, exhortándolos a organizarse sin pérdida de tiempo, en vista de la conquista del

---

[60] La palabra en hebreo *goí* se refiere al no judío, al gentil. En particular, se ha consignado, luego de la disolución de la Unión So,iética, a través de diversas investigaciones, que el abuelo de Vladimir Ilyich Ulyanov, más bien conocido como Lenin, fue un judío llamado Israel Blank, quien nació en 1804 en Staro-Konstantynov, Ucrania. Casado con Anna Ivanovna Grosshopf, tuvieron a una hija a la cual llamaron Mariya Aleksandrovna Blank, quien fue la madre de Lenin.

poder. No disimulaba su impaciencia y su angustia de saberse lejos en esos momentos.

No tuvo que esperar mucho. El gobierno germano, sin hacerse rogar demasiado y dándose cuenta del regalo que hacia al nuevo gobierno que persistía en no querer deponer las armas, consintió en dejar pasar, a través de su territorio, en un vagón sellado, como si de bacilos del cólera se tratara, no sólo a Lenin, sino que a muchos otros revolucionarios, entre los cuales su mujer Krupskaya, Zinóviev, Radek y Sokolnikov, futuro embajador en Londres; los tres últimos, hebreos como de costumbre, no portaban sus propios apellidos.

Fue así que este simpático grupo recorrió, Alemania en toda su extensión, luego Dinamarca, Suecia, y, costeando el Báltico por su lado norte, alcanzó finalmente Finlandia, que aún no estaba separada del antiguo imperio.

## Capítulo XVII

# LENIN

Apenas alcanzado el suelo ruso, y aún en el tren que lo conducía, en esos tiempos de desorden, donde, obreros y soldados subían y bajaban en cada estación y las paradas se hacían interminables, Lenin comenzó su campaña de propaganda contra la guerra y a favor del reparto de las tierras. En particular, tuvo la prudencia de no recargar demasiado sus discursos, tratando sólo temas accesibles a todos, y tocando solamente aquellos asuntosmás sensibles. Y como aquelloque más interesaba a los *mujik* era la posibilidad inmediata de abandonar las trincheras para tomar posesión de las tierras que les serían asignadas, él como hombre hábil que era, en estos primeros contactos, no cometió la equivocación de hablar de comunismo agrario integral.

El retorno de Lenin a Rusia aún no había sido anunciado públicamente. Su mujer, que nos ha dejado el relato, no sabía luego explicarse cómo la noticia se había difundido. El hecho fue que su acogida fue triunfal y desde los primeros momentos quedó claro que el pequeño buen hombre calvo, de ojos hundidos, salido de un carro ordinario, era un jefe.

En todas las estaciones y en todo el recorrido, banderas rojas flameaban al viento. Los marineros de Kronstadt, célebres por sus empresas sanguinarias, rodeaban y aclamaban a aquel que debía conducirlos a la victoria, para después, hacerlos ametrallar y fusilar. Las calles de la capital estaban atiborradas de obreros delirantes, que cantaban himnos apropiados a la circunstancia, y fue en medio de un cortejo imponente que el triunfador del próximo futuro, el jefe de la Tercera Internacional Comunista entró en la futura Leningrado, sin que autoridades de ella dieran señales de vida. Ello era un buen augurio, tanto que él creyó poder dirigirse ya a los obreros y a los soldados, con estas palabras: «¡Ningún apoyo al gobierno de los capitalistas!; ¡Abajo la guerra imperialista!; ¡Viva la revolución social!»

Corría el mes de abril y los revolucionarios de marzo, «los gloriosos» que habían derribado al «tirano», quebrantado la disciplina del ejército, prometido la tierra a los campesinos, como si ellos fueran sus propietarios, y anunciado una asamblea constituyente que se elegiría por sufragio universal, eran tratados ahora de capitalistas, burgueses y retrógrados.

Cada día, desde la ventana del hotel por él expropiado, Lenin arengaba a considerables multitudes. Como con un martillo, él clavaba sus ideas en la substancia virgen y plástica de innumerables cerebros. Sus palabras eran acogidas con entusiasmo, puesto que lo que decía gustaba a las masas y estaba al alcance de todos.

Su elocuencia era mediocre y, como retórica, inferior a la de Kerensky; pero él sabía comunicar a su auditorio su convicción sincera y profunda. Por otra parte, Lenin comprendía intuitivamente a la plebe incluso en sus instintos subconscientes, cosa que le permitía decir aquello que la plebe misma no sabía expresar en palabras. Y en aquello que Lenin afirmaba no había restricciones, reticencias o atenuantes. Sus discursos, aún siendo sumamente pedestres, eran de una lógica sobria, sustancial e implacable.

Sin preámbulos o peroratas, sin superlativos o exclamaciones, Lenin se dirigía directamente a lo que él quería, hasta las últimas consecuencias, sin caer nunca en contradicciones. Era similar a esos cuerpos simples de la química que no se pueden desintegrar, porque son indiferenciados, ni descomponer porque no son cuerpos compuestos.

Y es por esto que en la desnudez y crudeza de su cinismo, privado de hipocresía y de respeto humano, había en él, dígase lo que se diga, algo grande y formidablemente nuevo, inencontrable en ninguno de los saltimbanquis del liberalismo y la democracia.

Tal como había utilizado, para sus fines socialistas, al estado mayor alemán, asimismo Lenín pensaba hacer con Jacob Schiff y con las fuerzas con él solidarias, más o menos enmascaradas. De ello no tenía dudas, en base a la máxima que «el dinero no tiene color» y que es un buen método de guerra aceptar las ofertas de los emperadores y aquellas de los capitalistas, si ellas ayudan a derrumbar los tronos y los bancos, puesto que todo lo que sirve para eliminar lo impuro es puro y que «el fin justifica los medios».

Internacionalista hasta la médula, midiendo a los demás con la misma vara con que se medía así mismo, Lenín no discernía aquel mesianismo nacionalista que hay en el aparente internacionalismo israelita.

Utilitario, materialista y ateo hasta el fondo del alma, Lenín era incapaz de advertir aquello que el así llamado materialismo histórico contenía de negativamente espiritualista y de maléficamente religioso, en la concatenación intencional de sus consecuencias.

En Lenín había una hipertrofia de astucia, de malicia y de inteligencia en el sentido exclusivo de una única idea fija, la de la lucha de clases para la conquista del puchero, en función de la cual, él interpretaba todos los sucesos de la historia y veía todos los problemas de la humanidad. Era la transposición directa, sobre el plano humano, de las ideas de Darwin y

Haeckel, de la hipótesis de la lucha por la vida, como punto de partida de todas las especies animales. Desde el punto de vista de Lenin, el género humano se dividía en dos partes: los explotadores satisfechos por un lado y los explotados y desheredados por el otro. El único motivo de esta separación estaba en el vientre y no había lugar para el espíritu, aún menos lo había para una inspiración divina o satánica.

Estando así las cosas, para Lenin, Jacob Schiff con sus ricos correligionarios, estaban en el mismo lado de Nicolás II. Y este capitalista, que financiaba el socialismo contra el capitalismo, ante sus ojos no era más pérfido que ese monarca por gracia de Dios, que había prestado sus ejércitos a las democracias masónicas para derrocar las monarquías de derecho divino.

El error específicamente materialista y darwinista de Lenin fue haber ignorado que, si el cuerpo humano es hermano de las bestias, el alma, de la cual él nada queria saber, es hermana de los ángeles, de los ángeles buenos o de los ángeles malvados. Por lo tanto, a diferencia de lo que pasa en el mundo animal, el elemento espiritual tiene la prioridad; aquello que verdaderamente divide a los hombres no es la lucha por la vida o la lucha de clases, **sino es la guerra de los ángeles buenos y de aquellos malvados que habitan indistintamente la carne de los ricos y la de los pobres, guerra que se remonta al origen de los tiempos y que continuará incansablemente hasta la consumación de los siglos**.

Lenin creía solamente en la bestia y en la posteridad del simio antropoide. No creía en el diablo ni en la serpiente del Edén. Y precisamente porque Lenin nunca supo entender que la lucha de clases sirve sólo, accidentalmente y en ciertas circunstancias, de fachada discreta y laica, al conflicto permanente de dos concepciones religiosas, **o mejor dicho, de dos razas**, precisamente por esto el destino prodigioso de este hombre merece más compasión que odio y su astucia respecto de los hombres que hicieron su juego debe considerarse superada por su candor respecto de las fuerzas ocultas, de las cuales él fue inconsciente instrumento.

Antes de la llegada de Lenin, los mencheviques y varias otras categorías de socialistas se habían constituido en los integrantes de los *soviet*, de los que Kerensky, al principio, había sido el gran orador.

Con motivo del primer congreso panruso, llamado de los *soviet*,[61] que tuvo lugar a mediados de abril, los delegados de los bolcheviques, que aún eran minorías, se reunieron separadamente para escuchar la palabra de su jefe.

Lenin leyó su tesis. El resultado no fue bueno. Plekhanov, introductor del marxismo en Rusia, considerado hasta pocos años atrás como el «puro de los puros», llamó a este discurso «un delirio». La derecha aburguesada que había derrocado el zarismo calificó a Lenin de traidor al servicio de Alemania; los mencheviques marxistas y socialistas revolucionarios lo trataron de loco y los mismos bolcheviques, según Miliukov, tuvieron la impresión de «una ducha fría».

El *leit motiv* de este primer golpe de picota era el siguiente: «paz y fraternización con los soldados alemanes; dar de inmediato la tierra a los campesinos y las industrias a los obreros, el poder y el control total de la producción a los soviet».

Estas palabras, que irritaban a los militantes intelectuales, iban directo al corazón del pueblo verdadero, reflejando

---

[61] Inicialmente fue el consejo o asamblea de trabajadores que sustentó como base la Revolución de 1915. Ampliada posteriormente a soldados y campesinos, los *soviet* fueron fundamentales para la Revolución de octubre de 1917, y posteriormente formaron la l:.RS.S. Su traducción literal sería algo como «concilio».

integralmente sus deseos más inmediatos. Y el pueblo, cansado de formalismos y promesas, respondió a ellas con manifestaciones tumultuosas, que provocaron las dimisiones de Miliukov y Gutchkov y la constitución de aquel gobierno provisorio aún más izquierdista, del que ya se había hablado.

En comparación a aquello que Lenin predicaba, este resultado era bien poco. Pero, mejor que nadie, Lenin sabia que Roma no se hizo en un solo día. Y, definitivamente, esta *premiere* sensacional, a pesar del escándalo provocado, fue un éxito, porque correspondió al principio de un nuevo deslizamiento a la izquierda.

Mientras tanto, gracias a la incomprensible intervención del moderado y autocalificado patriota Miliukov ante el gobierno británico, Trotzky llegaba desde Nueva York para adherirse de inmediato al partido bolchevique.

Vladimir Ilyich Ulyanov, llamado Lenin, hijo de un funcionario ruso, fue un ideólogo realizador. Estaba en buena fe. En cambio, Leyba Braunstein, llamado León Trotzky, nacido en un *ghetto* y saturado con el orgullo humillado propio de su raza, se preocupaba bastante poco de los campesinos y obreros arianos, que odiaba tanto como a los nobles y a los curas.

Lenin, en el problema religioso no veía sino un accesorio, en función de la lucha materialista entre monos en ayunas y monos satisfechos. Para Trotzky, « hijo de la promesa »,[62] a pesar de su cultura agnóstica superficial, las cosas eran diferentes.

---

[62] Referencia bíblica que se hace en relación al « único hijo del pacto » con Yahweh. A veces también usado en los textos bíblicos en referencia al primogénito. Ahora bien, la alnsión mencionada en el texto es extensible al pueblo judío por entero.

Lenin era el incorruptible asceta de la idea pura. Por medio de su fe, que se transmitía a los instintos por largo tiempo reprimidos de las multitudes mediante el canal de una simpatía ingenua, él era totalmente desinteresado, tanto respecto de su persona, como también respecto de su raza. Como instrumento de combate, él era luego superior incluso al ambicioso israelita que, aunque revestido de la gloria mesiánica de su pueblo, tal vez pensaba mayormente en su exaltación personal.

Estos dos hombres debían complementarse mutuamente y es posible que en la idea del consorcio de Nueva York debían vigilarse recíprocamente, con el fin que, uno con su ingenuidad y el otro con su vanidad, no se desviaran de la línea ni siquiera un poco.

Mientras Trotzky llegaba desde el Occidente transatlántico para ponerse inmediatamente al lado de Lenin a la cabeza del progreso en marcha, otro colaborador, llamado a los más altos destinos, dejaba el exilio siberiano, donde había esperado tranquilamente que la revolución devorara sus primeros hijos, y emprendía la senda hacia la capital.

Aludimos al georgiano Djugachvili, ya conocido terrorista activo bajo diferentes seudónimos y por último bajo el de Stalin, con el que quedaría en la historia. En ruso Stalin significa «hombre de acero», así como Lenin significa «hombre del Lena», gran río siberiano, cerca de cuyos parajesel fundadordel bolchevismo había transcurrido años en las termas penales. Stalin se estableció en Petersburgo, en un pequeño y modesto alojamiento, en compañíade dos íntimos amigos, Skriabin llamado Molotov, y Dzerzhinski, otro asiduo de las termas imperiales, uno de los pocos, que conservó su verdadero nombre. Dzerzhinski, polaco auténtico, llegaría a ser el jefe de la terrible comisión extraordinaria, más conocida bajo el nombre de las iniciales rusas de Ceka.

A partir de mayo de 1917, el estado mayor de la futura etapa del progreso estaba, luego, completa. Un ruso, Lenin; uncaucásico, Stalin; un polaco, Dzerzhinski; y todos los otros hebreos, entre los cuales se encuentra Trotzky, Sverdlov, Zinóviev, Kámenev, cuñado del primero, Radek (Sobelsohn), representaban el ala extrema de la revolución en el «Consejo Provisorio de la República Rusa». Esta institución hacia de *interim* entre la Duma, prácticamente sepultada, y la futura constituyente, aún no nacida. El partido bolchevique tenía sólo sesenta asientos contra seiscientos ocupados por varios grupos socialistas y un cierto número de «burgueses», sentados entre dos sillas.

Sin embargo, los bolcheviques, a pesar de su debilidad oficial, eran prácticamente los dueños del camino. Y en su cenáculo restringido, este partido, decidido a actuar, no descansaba. El estado mayor alemán, para el cual el ejército ruso era ya un asunto concluido, había suspendido los subsidios. Pero, en compensación, a través del canal de los bancos de Estocolmo, el oro americano comenzaba a fluir hacia las cajas de los bolcheviques.

El gobierno no se descompuso. Sus miembros estaban inmersos en discusiones bizantinas para decidir si la pena de muerte era compatible con los sagrados principios de la democracia, y los oradores que se sucedían sobre la tribuna se entregaban a torneos de elocuencia casi escolástica.

Los síntomas de la Revolución Francesa se repetian textualmente en Rusia. En Francia, en agosto de 1789, la Asamblea Nacional, compuesta de revolucionarios relativamente moderados, pontificaba sobre «los derechos del hombre y del ciudadano». El ministro de justicia, confirmando una precedente declaración de Necker, lanzó, en plena sesión el siguiente grito de alarma: «las propiedades son violadas en las provincias. Manos incendiarias devastan las habitaciones de los ciudadanos. Las formas de la justicia son abolidas y sustituidas por los hechos; las prescripciones y las licencias no tienen ya freno, las leyes no tienen fuerzas, los tribunales están inoperantes y, el comercio y la industria están detenidos. Y la causa de estos torbellinos no es sólo la indigencia; la causa de todos estos males se encuentra en la subversión generalizada de todas las autoridades vigentes».

Con una diferencia de un siglo y cuarto, las mismas causas en Rusia provocaban los mismos efectos.

En Rusia, como en Francia, los usurpadores serían arrollados por la usurpación. El éxito de las ideas de Trotzky y Stalin impulsóa los bolcheviques a preguntarse, si no habíallegadoel momentode adueñarse del poder que, en realidad, parecía no ser de nadie. Pero Lenin, el Fabius Cunctator[63] de la revolución rusa, estratega de las subversiones sociales, que pasaba sus noches estudiando a Clausewitz, al igual que a Marx, temía que el momento no fuese aún favorable y pensaba que era mejor esperar, puesto que el tiempo trabajaba a favor de ellos.

Si aquello que se relata acerca de esta oposición suya es cierto, el Viejo, como le llamaban los suyos, tenía razón. No era necesario subir al árbol, con el riesgo de caerse, para cosechar los frutos que no tardarían en caer por sí solos.

Se dice que el llamado, invitando a las masas a derrocar el gobierno provisorio, destinado a salir en el órgano oficial del partido, Pravda (La Verdad), fue retirado en el último momento. Pero el rumor ya se había difundido y eso fue

---

[63] Quinto Fabio Máximo o Fabius Cunctactor fue un político y militar romano, quien ,i,ió en el siglo II a.C., y fue conocido por sus tácticas militares durante la Segunda Guerra Púnica, las que consistían en «retrasar» el choque con Aníbal, no dando frente a la batalla. En consecuencia, es posible entender que la referencia denota que Cunctator es «quien retrasa».

suficiente para que los marineros de Kronstadt, les *enfants terribles* de la secta bolchevique, aparecieran en Petersburgo con tanques cargados de ametralladoras.

En julio, durante dos días, en lugar de cortejos y procesiones con estandartes, adornados por los acostumbrados discursos en las plazas públicas, en las calles de la ciudad, resonó la fusilería. También las ametralladoras entraron en acción. Pero esta vez algún regimiento de caballería cosaca, convocado con urgencia desde el frente, fue suficiente para dispersar a los revoltosos.

Más tarde, los bolcheviques sostuvieron que no organizaron sino una gran manifestación, pero ello había sido suficiente para asustar el gobierno. Los desagradables sucesos que tuvieron lugar eran luego imputables solamente a una provocación gubernamental.

Conocer la exacta verdad sobre este episodio es muy difícil.

Habiendo sido testigos de las jornadas de julio, creemos, pero sin afirmarlo categóricamente, que se trató de una auténtica tentativa de insurrección que abortó.

Lenin y Zinóviev tuvieron que huir a Finlandia, tal vez para recordarles los antiguos y buenos tiempos del zarismo; Trotzky fue arrestado e internado en la fortaleza de Pedro y Pablo, y varios otros arrestos sensacionales se llevaron a cabo.

Por precaución, Lenin y Zinóviev no aparecieron en Petersburgo en octubre. La gran mayoría de los revolucionarios arrestados fueron dejados en libertad poco tiempo después, por orden del gobierno provisorio, el que decididamente, no estaba en condiciones de concebir que a la izquierda pudieran existir enemigos.

Sin embargo, cuando se llegó a saber que el mismo Kerensky, jefe efectivo del régimen, se había tomado la molestia de presentar sus excusas y hacer liberar personalmente, en el cuartel de policía, a uno de aquellos que había sido sorprendido en flagrante delito, se manifestó un movimiento de estupor.

Este privilegiado era un israelita, llamado Nakhamkes, agente bajo el seudónimo ruso de Stieklof, «hombre de vidrio».

La conducta del jefe de estado, aunque nominal, parecía a lo menos el!travagante, puesto que en aquel momento, según las apariencias, el gobierno salía indiscutible y fácilmente victorioso de una prueba, y era posible creer que de él sólo dependía terminar de una vez por todas con el bolchevismo y restablecer el orden.

Pero, para llegar a aquel resultado, habria sido necesario que el gobierno se hubiera apoyado en la fuerza que ya lo había salvado: en el ejército, que es el antídoto contra las revoluciones; un ejército que había demostrado una lealtad por lo menos relativa, no sabiendo nosotros si ella le fuera inspirada por el apego al desorden institucionalizado o por el miedo a lo peor. Sin embargo, una gran parte del ejército, si es que no estaba ya bolchevizado, al menos se hallaba profundamente desmoralizado y anarquizado, y en consecuencia lo apropiado sería decir que el gobierno habría podidocontar con algunos regimientos de caballería, específicamente con los cosacos, que constituían una especie de milicia autónoma, domiciliada sobre un determinado territorio, y menos sensible que los antiguos siervos ante las ilusorias perspectivas de la reforma agraria.

Pero, durante generaciones, estos cosacos habían sido la pesadilla de los hebreos, el terror de todos los movimientos subversivos y un gobierno, surgido de la subversión triunfante, bajo los auspicios de la raza elegida, no podía abrigar hacia ellos sino una desconfianza e incluso una repulsión atávica, insuperable para Kerensky. Por lo demás, si bien fuera de estos remedios poco agradables a la ortodoxia democrática no hubiese ninguna otra tabla de salvación, es probable que Kerensky no hubiera podido actuar así, sin renegar de sí mismo.

Bajo la protección de los *nahaiki* cosacos, Kerensky no se sentía más seguro que el ratón protegido por un gato o el diablo escondido en la pila del agua bendita. Pero es ya sumamente irónico el hecho, que este demagogo, llegado al poder, no haya tenido otro recurso, para mantenerse algunas semanas más, que irecurrir a los perros guardianes del Antiguo Régimen!

Si bien materialmente fueron derrotados, los bolcheviques eran moralmente los vencedores. Las circunstancias de su derrota, revelaban la situación desesperada del gobierno provisorio, el cual, para durar, debía arrojarse entre los brazos, o de los bolcheviques, o bien, entre los de los cosacos. Y si, en el primer caso, él sería estrangulado por la revolución radical, en el segundo lo habría sido por la reacción armada del *knut*[64] simbólico, la cual ella misma no se habría detenido a mitad camino.

Puesto ante esta alternativa, el pequeño abogado «charlatán y cobarde», como dijo Lenin, «siguió la virtud que a él le parecía más bella» y que, necesariamente, debía ser la democracia. Pero, en la práctica, ello significaba elegir un equilibrio absolutamente acrobático, que era imposible mantener a la larga. Al día siguiente de su victoria de Pirro,[65]

---

[64] Látigo o azote de origen mongol usado para someter no sólo animales, sino que también a seres humanos a través de la tortura.

[65] Pirro, rey de Eipro, quien, venciendo en batalla a las legiones romanas, al tener cuatro mil bajas, respondía a los que le felicitaban: «Estoy perdido si consigo otra victoria como esta».

este vencedor, más compungido que los vencidos, comenzó con despedir a sus salvadores, a los cuales tenía un miedo terrible, sin agradecerles ni siquiera el haber arriesgado sus vidas y el haber perdido gran número de caballos, que ellos habían pagado con su dinero y que, según la costumbre, deberían haberles sido repuestos. Y esta fiel milicia, que él irritó en toda ocasión, abrigaría rencor hacia él.

Inmediatamente después, Kerensky se concentró en el empeño de desembarazarse de algunos colegas suyos y, especialmente, del príncipe Lvov, en realidad fuera de lugar en dicho ambiente, aduciendo el pretexto que era necesario llevar a cabo una fuerte concentración democrática.

Agreguemos que esta concentración debía condensarse en él, Kerensky, presidente del consejo, ministro de la guerra y de la marina, ministro de casi todo, y, por añadidura generalísimo de los ejércitos en guerra.

El «generalísimo» Kerensky, aún teniendo una gran confianza en el propio arte de la oratoria, comprendió que, sin embargo, necesitaba una espada. Creyó encontrarla en la persona del general Kornilov, que, hijo de un simple soldado de las tropas cosacas, había conquistado sus grados en la guerra ruso-japonesa y en el frente austriaco durante la Gran Guerra. El general Kornilov era el prototipo del soldado rudo. Incapaz de fingir, sin diplomacia ninguna, severo y a menudo brutal tanto como valiente y justo, él era amado por las tropas, por su rectitud y su franqueza.

Sus tendencias democráticas habían sido tomadas suficientemente en consideración, al punto que al día siguiente del golpe de estado de marzo, le había sido entregado el cargo de gobernador militar de Petersburgo, un cargo de gran confianza en aquellas horas decisivas. Fue él quien se encargó de notificar a la emperatriz la caída de la dinastía y de ponerla bajo estado de arresto en su palacio de Tsárskoye-Seló, al que el emperador, después de su abdicación, aún no había vuelto.

Después de aquel acto de auténtica lealtad frente al nuevo régimen, acto, que él por lo demás, consintió en cumplir solamente después de haber tenido la total seguridad que los sucesivos titulares de la corona habían renunciado a ella, sin la cual habría traicionado su juramento de lealtad, Kornilov había cortado definitivamente los lazos con la reacción legitimista, que debía necesariamente considerarlo un traidor. Después de haberse comprometido así tan irremediablemente, él no podía cuerdamente ya desear una restauración monárquica.

En tales condiciones, Kornilov era la espada soñada para la democracia y la república, en la medida, por lo menos, en la que una espada podía ser el objeto de sus sueños. Pero la dura necesidad le imponía esta desviación provisoria de los «inmortales principios», y como no se trataba de una espada de estaño y quien la tenía era un hombre de guerra, él representaba precisamente aquello que era necesario para completar lo que al «generalísimo» Kerensky le faltaba.

A pesar de todo, las capacidades sicológicas del locuaz abogado, en esta ocasión, debían equivocarse una vez más. Entre el hombre de las batallas de escenario y el hombre de las verdaderas batallas no podía establecerse un contubernio. Kerensky no había pensado que un militar hasta el fondo del alma, descendiente de guerreros por vocación, si podía no tener simpatía por los privilegios propios al nacimiento, a la riqueza y al favor imperial, debía reprobar los métodos demagógicos que el *Prikaze N°1* había introducido en el ejército.

Estas medidas, inspiradas en la demencia democrática para prevenir el peligro de una conjura de oficiales, tuvo la virtud de exasperar incluso a aquellos que al principio habían acogido con alegría la abdicación de Nicolás II. De hecho, todos se daban cuenta que no era posible conducir a la victoria un ejército mandado, por así decirlo, por parlamentarios elegidos por sufragio igualitario y universal, y con jefes que ya no eran más que una especie de procuradores.

De hecho, poco después, los austro-alemanes, habiendo recibido refuerzos desde el frente occidental, infligieron en Tarnopol un verdadero desastre a aquello que fue el ejército ruso. Para Guillermo II, la derrota rusa no significaba más que un triunfo y una alegría efímera; pero, para Lenin y Trotzky ella se transformaba en una gran victoria. La tesis de la paz inmediata y la fraternización proletaria internacional ganaba terreno en proporciones inmensas, y, dándose cuenta de ello, decidieron aprovecharse.

Encontrándose más que nunca aprisionado entre la espada y la pared de la revolución radical, Kerensky se dio vuelta hacia Kornilov, como si fuese el hombre enviado por la Providencia. A pesar de ser el único responsable de aquella desorganización del ejército, de la cual la sangrienta derrota de Tarnopol había sido la consecuencia inevitable, Kerensky aprovechó esta circunstancia para revocar del cargo al general Brusilov, que ya había sido oficial del aristocrático regimiento de la guardia, y fue entonces que, parodiando el gesto de Nicolás II, se proclamó él mismo generalísimo con Komilov como primer ayudante. Y lo que tenía suceder, sucedió.

El plebeyo Komilov no se sentía más apto que Brusilov para ganar o también solamente para continuar una guerra con tropas sovietizadas, con un ejército donde aquellos que debían obedecer tenían el encargo de controlar a aquellos que debían mandar.

Ante la realidad de la vida, no hay principio democrático que valga. Era necesario a toda costa tomar una decisión y, para elegir, había solamente dos. La primera era pactar la paz con los imperios centrales,⁶⁶ lo que significaba la neutralidad efectiva la cual era prácticamente irrealizable, ya que eso era equivalente a enrolarse en el conflicto mundial, en el que el derecho divino tenía en su contra la supuesta soberanía del pueblo, en las huestes del primero; actitud que para los socialistas, sustentados por las izquierdas de ambos hemisferios habría sido paradoja!.

La segunda solución era continuar la guerra después de haber restablecido y reforzado la disciplina militar y el respeto por la jerarquía con la reposición de la pena de muerte, poniendo de nuevo en vigor la ley marcial y, por tanto, con la supresión pura y simple del Prikaze N°1. Pero, para Kerensky y toda su banda, ello habría significado desapegarse de los factores que los habían llevado al poder y que allí los mantenían.

El mezquino dictador, ensorbecido acerca de su persona, había creído que el general Kornilov habría sido dócil y manejable. Este último, en cambio, consciente de su responsabilidad aplastante frente a Rusia y fortalecido por los servicios indiscutibles por él prestados a la naciente revolución, llegado al cuartel general, apenas hubo constatado el estado de los hechos, demostró ser aún más categórico que su predecesor.

Con una franqueza algo brutal de soldado surgido del pueblo y con un laconismo militar que no quería saber nada de sutilezas dialécticas, Kornilov como se dice ulgarmente, rompió los huevos en el canasto. Y dicha forma de actuar no correspondía ni a los gustos ni a los modos de Kerensky.

---

⁶⁶ Principalmente el imperio alemán y el imperio austro-húngaro se les conoce como imperios centrales, a los cuales se sumaron posteriormente el imperio otomano y el reino de Bulgaria durante la Primera Guerra Mundial.

Para ganar tiempo, este último trató de negociar, tergiversó según su costumbre, se manejó y pareció prometer vagamente la restauración de la pena de muerte y alguna otra medida parcial. Pero, la discusión se iba alargando, y la comunicación entre estos dos hombres tan diferentes resultó poco amena y el rudo militar, que había arrestado a la emperatriz, porque, según sus mismas palabra, Rusia era para él más querida, se enojó y formuló un *ultimátum*, exigiendo la abolición inmediata de todo aquello que, en el campo militar, había tenido lugar, después de la abdicación de Nicolás II.

Esta vez Kerensky ya no dudó. Tenía lugar, evidentemente, para la contra-iglesia universal, un caso de *non possumus*.[67] Dándose cuenta de la amenaza que se cernía sobre las conquistas de la revolución, él pasó bruscamente de la blandura a la severidad y, destituyendo a Kornilov, le ordenó presentarse inmediatamente en Petersburgo.

Kerensky se olvidaba, sin embargo, que no estaba tratando con un general cortesano capaz de dejarse impresionar por los resplandores oficiales, sino con un hombre de duro temple que, en un régimen de favoritismo, había hecho su carrera con el filo de su sable. Y, rehusando obedecer, el general, furioso, hizo marchar sobre Petersburgo los destacamentos que el consideraba fieles.

Entonces, por un instante, el escalofrío de la contrarrevolución pasó sobre la capital. Y los ambientes bien pensantes, olvidando la conducta de Kornilov hacia la familia imperial, respiraron y creyeron reconocer en él a un posible salvador. Pero la cosa tuvo corta duración.

---

[67] Afirmación que constituye un total rechazo, ya que *non possumus* es un «no podemos». Tradicionalmente la Iglesia ha expresado su *non possumus* ante ciertas situaciones para rechazarlas.

Kornilov, y sus lugartenientes, los valientes generales Krimov y Krassnoff, no podían limpiar los establos de Augia[68] del excremento de la revolución, ya que en dicho excremento la semilla arrojada por Lenin, Trotzky, Stalin y sus cómplices, había tenido tiempo de producir un abundante crecimiento de malezas venenosas. Ellos no habían tomado en cuenta la sovietización de las tropas y los efectos de ella.

Consciente del peligro y alarmado por la alegria que los ambientes honestos manifestaban, Kerensky lanzó un grito de angustia, en dirección a aquellos que se agitaban o bien dormitaban sobre la ladera izquierda respecto de la línea que divide los corazones, de aquellos sobre los cuales se ha escrito, que allí donde se encuentran los cadáveres, se reúnen los buitres. Y a este requerimiento respondieron los vencidos efímeros de las jornadas de julio, el *soviet* de los delegados obreros y el *soviet* militar de Petersburgo, creado y dirigido por Trotzky, además de las bandas reclutadas entre las sobras del populacho y armadas por Stalin con el contenido de los arsenales del estado.

Ante la brusca ofensiva, aquellos que hasta el día antes, cuando creían de haber derribado a tierra el enemigo común, hablaban nada más que de degollarse los unos a los otros, se volvieron súbitamente amigos. A pesar de las sangrientas peleas de familia, ellos recordaron ser todos hijos de la misma contra-iglesia.

El rebaño de la conspiración mundial, aparentemente desparramado y heterogéneo, se formó de nuevo en cuadrado.

---

[68] En alusión a la limpieza en un día de los establos de Augia, uno de los doce trabajos de Hércules.

Kerensky y Lenin, la revolución de marzo y la futura revolución de noviembre formaron, en estas jornadas de septiembre, un solo bloque homogéneo. Actuando así, los unos y los otros infligieron un mentís a los historiadores futuros, que pretendieron que hubo dos revoluciones contradictorias y adversas, como también a aquellos que proponen la democracia como antídoto del bolchevismo.

Para Kerensky ya no quedaban enemigos a la izquierda. La voz de la sangre había hablado. Por lo que, cien mil rifles y otras tantas ametralladoras fueron a defenderlo, siendo él momentáneamente erigido como oriflama sagrado de toda la revolución.

A la derecha, Kerensky no veía, en cambio, sino enemigos, y a la cabeza de ellos, precisamente a aquellos que en julio lo habían salvado de la emboscada bolchevique.Por última vez, la Providenciahabía ofrecido a Kerensky y a sus secuaces, mucho de los cuales deberían después perecer en las prisiones y entre tormentos como unos vulgares grandesduques o simples señores feudales, la posibilidad de salvarse ellos mismos salvando Rusia del cataclismo final. Pero estos hombres estaban con seguridad amarrados por juramentos misteriosos o compromisos terribles, puesto que ellos, que siempre habían dudado y tergiversado, no dudaron un instante frente a este interés superior o este imperativo categórico de la conciencia demoníaca.

Ellos declararon fuera de la ley a los jefes militares abiertamente rebeldes, agregando a ellos el general Kaledin, jefe supremo de la milicia cosaca que, sin pruebas decisivas, se suponía de acuerdo con ellos. Y este fue el modo de vengar la injuria que los regimientos cosacos le habían hecho a él, Kerensky, al salvarlo de los bolcheviques.

A partir de dicho momento, la situación dejó de ser paradoja! Los hermanos más adelantados sobre el sendero que conduce hacia la tierra prometida del progreso y hacia el derrumbe definitivo de Europa, salvaron a Kerensky del «infame», que había que aplastar.

Desde entonces, los bolcheviques comprendieron que ellos eran la única potencia efectiva de la revolución, puesto que sólo a ellos el pretendido vencedor de julio debía su nueva victoria sobre los aliados que le habían ayudado a reprimir la precedente.

Por lo demás, esta nueva victoria no costó un solo cartucho a los cien mil energúmenos movilizados en Petersburgo por los bolcheviques y por estos puestos a disposición de la vanguardia revolucionaria amenazada. Entre las tropas de Kornilov, los núcleos y las células de la revolución habían cumplido su obra. Ellos habían eiq>licado a todos esos analfabetos atontados, que ellos marchaban para derrocar un gobierno sin duda decidido a liquidar la guerra y a dar toda la tierra a los ricos. Y los resultados no se hicieron esperar.

A lo largo de las vías que conducían a la capital, por efecto de las calorías liberadas por el incendio revolucionario, los ejércitos se fundieron como la cera, sin que tuviera lugar combate alguno. Y a Kornilov no le quedó otra alternativa que huir, y a muchos de sus lugartenientes otro recurso que volarse la tapa de los sesos.

Kerensky, que había triunfado en julio sobre la revolución absoluta con la ayuda de la revolución relativa, ahora triunfaba por segunda vez sobre esta revolución relativa, sólo con la ayuda de la misma revolución absoluta.

Stalin pudo escribir a Lenin, siempre refugiado en Finlandia: «nosotros somos virtualmente los amos. Entre las masas militares y obreras nuestra popularidad crece día a día. Nosotros disponemos de cien mil fusiles, que constituyen más de lo que se necesita para poner en retirada el gobierno provisorio, el cual sólo puede oponernos sus batallones de mujeres. Podéis volver sin temor, para poneros a la cabeza nuestra, puesto que no veo quién sea tan imprudente como para ordenar vuestro arresto».

Este era de hecho el balance de la segunda victoria de Kerensk). La agonía del régimen democrático de transición, colocado entre el del zar y el comunista al ciento por ciento comenzaba. Y si dicha agonía duró alrededor de dos meses, ello sucedió porque Lenin aún desconfiaba.

Lenin no se dejaba hipnotizar por los avatares rusos. Él examinaba atentísimamente el horizonte europeo, donde, para aquellos que tenían acceso a los secretos de las cancillerías, pero no a aquellos de los dioses, ya se anunciaban señales de paz sin vencedores ni vencidos.

Desde hacía meses el emperador Carlos, que había sucedido a Francisco José sobre el trono austriaco, había encargado al príncipe Sixto de Borbón-Parma, su suegro, de negociar oficialmente con el gobierno francés.

Se supo más tarde, a través de revelaciones sensacionales, que el mismo Guillermo II había considerado esta posibilidad y que sus consejeros, salvo algún pangermanista, que nada había aprendido de los acontecimientos, compartía sus mismos puntos de vista.

Sin la mala voluntad de aquellos que en lugar del bien de su nación y de la humanidad entera, buscaban el triunfo de la judeo-democracía capitalista y la abolición, en el mundo, de los últimos vestigios del feudalismo y de los regímenes aristocráticos tradicionales, el exterminio recíproco habría sido abreviado y se habría acordado una paz honorable como también ventajosa para ambas partes.

El resultado que el frente oculto buscaba era muy diferente, era otra cosa, aunque debiera llegar a costar a centenas de miles de mujeres y niños la vida de sus esposos y de sus padres.

Era necesario aplastar al infame. Y el infame no era Guillermo II, como aquél que había violado la neutralidad de Bélgica y cuyos submarinos habían hundido transatlánticos. Lo infame era aquello que Guillermo representaba y, aún más, aquello que el inofensivo e inocente, pero católico, Carlos de Austria representaba. El uno y el otro, de hecho, eran monarcas de derecho divino y bajo sus cetros se agrupaba la nobleza tradicional fiel a la propiedad de la tierra. Y esta nobleza mantenía aún, bien o mal, sus posiciones, tanto en cuanto al rango como también en el terreno político, económico y social.

Era eso lo que era necesario hacer desaparecer. Y todo fue sacrificado a esta insania, de la que tantos pueblos deberían digerir los efectos tóxicos, con riesgo de su propia vida. Ella constituyó la finalidad inconfesada y largamente premeditada del conflicto mundial y el motivo del inaudito desencadenamiento de pasiones exacerbadas que lo acompañó y que la publicidad subvencionada con este objeto alimentó incansablemente. Y es por esto que todo tipo de paz moralmente y materialmente aceptable para las dos partes beligerantes, y además, apta para servir de punto de partida para una verdadera pacificación europea y tal vez incluso para una unificación del entero frente cristiano contra el enemigo común, fue rabiosamente definida como derrotista y prematura.[69]

---

[69] Nota de la edición en italiano: El lector podrá ver la equivalencia exacta en el radicalismo «cruzado» de la Segunda Guerra Mundial con la consigna de la «rendición incondicional».

Sin embargo, en 1917 hubo un momento en el cual, ante la enormidad y la esterilidad de los sacrificios cotidianos, la conciencia de los hombres de Estado europeo, un poco menos hebraizados de sus colegas, se despertó. Y un rayo de esperanza brilló por un instante en la atmósfera tempestuosa.

En las cancillerías, naturalmente a puertas cerradas, se debía también hablar de esta paz. Pero no había peligro que el sacerdocio de Mammon y los pontífices de Sión dejasen firmar una paz como esa; que era de hecho **prematura**, puesto que él «medievalismo» infame no resultaría por ella aplastado y Europa no habria sido transformada políticamente y socialmente.[70]

La misiva del emperador de Austria resultaría luego, vana, la intervención del rey católico Alfonso XIII y de Papa Benedicto XV estéril y la buena voluntad de varios ministros franceses perfectamente inútil.

Los reyes, los emperadores, los papas ya no representaban nada; los jefes de gobierno democráticos, como también los parlamentos y los mismos cuerpos electorales, parecían no tener la menor influencia sobre el curso de las cosas de este mundo: lo prueba el hecho, que aún por quince meses, hombres de cada raza continuaron masacrándose mutuamente para el provecho sólo del plano de la subversión mundial, que debía ser realizado **a fondo**. De otro modo no se

---

[70] Nota de la edición en italiano: En la revista hebraica *Der Jude*, de enero 1919, pág. 450, se lee: «El derrumbe de estas tres potencias, la Rusia zarista, la Alemania monárquica y el Austria católica, en sus antiguas formas significa **una facilitación esencial para las directivas de la política hebraica**». Y el conocido escritor hebreo Emil Ludwig en *Weltbühne*, N°33, 1931, agrega: «la guerra mundial fue hecha para imponer a la Europa central formas políticas modernas, como aquellas vigentes en todo el alrededor, es decir, demoliberales (...). Por un pelo, los partidarios de la paz separada **habrían podido salvar al mismo tiempo los zares y los kaiser, conservándonos una Europa insoportable**».

lograría comprender por qué una paz ventajosa para Francia, Inglaterra, Italia, como también para Alemania y Austria, paz a realizar antes del derrumbe de estas dos naciones, debía ser calificada de **derrotista**.

El derrumbe de Alemania era indispensable sólo para que ella estuviera obligada a convertirse a la democracia, preludio del marxismo. Si en 1917 los «espíritus nobles, generosos, liberales, tolerantes e iluminados», no podían admitir una paz con Alemania antes que ella estuviera exhausta «de rodillas», ello acontecía porque se daban cuenta que Alemania se habría «convertido» sólo el día en que ella hubiese sido aplastada.

En octubre del mismo año, desapareció de Europa toda esperanza de una paz general. A partir de ese momento, el gobierno ruso, no tuvo más que esta alternativa: la paz separada o la guerra hasta el fondo.

Para el triunfo de Lenin no era más cuestión que algunos días, a más tardar algunas semanas.

## Capítulo XVIII

### El triunfo del Bolchevismo

A partir de los primeros días de octubre el movimiento ultra revolucionario se intensificó en toda Rusia. Los innumerables *soviet* de la ciudad hasta entonces controlados por los mencheviques y por los social revolucionarios, ambos favorables a Kerensky y a Tchernov, se bolchevizaron rápidamente. Y el de Petersburgo, que políticamente era el más importante, terminó por elegir a Trotzky como su presidente.

Las elecciones municipales fueron un verdadero desastre para los mencheviques y social revolucionarios. En Moscú ellos arrojaron el resultado de trescientos cincuenta consejeros bolcheviques, alrededor de la mitad de la asamblea, contra menos de doscientos cadetes y poco más de un centenar de social revolucionarios.

Envalentonados por los agitadores bolcheviques, a menudo los soldados rusos fraternizaban con los soldados alemanes que, a su vez, eran alentados a comportarse así por el comando supremo austro- germánico. Este último creía cooperar al desarme moral de lo que quedaba de la antigua armada rusa, mientras que el objetivo de los bolcheviques era la contaminación de la armada imperial alemana y austriaca, con el fin que otra vez más, convencidos por su ilusión, que lo que le sucedía al vecino, no los habría tocado, los emperadores de derecho divino ayudaran a la causa de la revolución internacional.

Como Stalin había escrito a Lenin, Kerensky efectivamente disponía de algún batallón de mujeres, las cuales, en un acceso de exaltación patriótica, habían adoptado el uniforme y aprendido a manejar las armas de fuego.

Podríamos rectificar a Stalin diciendo que, además de las mujeres, él podía contar con los alumnos de las escuelas militares de Petersburgo. ¡Algunas centenas de mujeres y adolescentes! Magnífico apoyo para un régimen abyecto que, aún más que el de Nicolás II en su última hora, había logrado producir el vacío alrededor de su causa y al cual, más que a cualquier otro, se le aplicaban las palabras Evangelio: « sé caliente o sé frío, porque, si eres tibio, te vomitaré ».

Al gobierno provisorio y a sus jefes no menos provisorios, no les quedaba más que morir como habían vivído; el primero, deliberando sobre problemas de ortodoxia democrática, los segundos pronunciando discursos. Y digamos de pasada que esta triste perspectiva no le impedía a Kerensky beber la copa de la vida, pavoneándose en el Palacio de Invierno, donde él se había alojado, y considerando el cuerpo de baile de la Ópera como su *harem*.

Simultáneamente, Kerensky se agitaba como el diabloen la piladelaguabenditaysembraba generosamente las perlas de su tesoro oratorio para llegar a constituir una coalición homogénea en el seno del así llamado « Consejo Provisorio de la República Rusa » que continuabasu funciónde *interim* del parlamento. A pesar de todos los esfuerzos, él logró sólo la obtención, de parte de esta asamblea heterogénea y anárquica, cinco órdenes del día totalmente diferentes. Y, cosa probablemente única en los anales parlamentarios, si bien se tratase de cuestiones fundamentales, como la continuación de la guerra o la suspensión de la guerra, ninguno de ellos obtuvo al final unamayoría. Desde ocho meses los ministros revolucionarios, excepto Kerensky, que parecía inamovible, se sucedían ininterrumpidamente, hablando de la constituyente como de la salvación, sin demostrar sin embargo, ninguna prisa para convocarla.

Por cierto éste no era un gran perjuicio, puesto que una feria de apetitos rústicos desbocados no podía conducir a nada bueno. Pero una indolencia de esta magnitud para convocarla, de parte de gente que no veía otro remedio fuera de ella, aparecía especialmente insólita. Y los bolcheviques, si bien no eran partidarios de las instituciones parlamentarias de tipo occidental, no tuvieron que esforzarse demasiado para explotar la situación y pintar a los vencedores de marzo como una oligarquía que, cubriéndose impúdicamente del manto de la democracia, vendida al poder del dinero, eludía la convocatoria de los representantes del pueblo soberano por temor a que ellos exigiesen la liquidación inmediata de la guerra capitalista y la repartición de las tierras en beneficio de aquellos que la cultivaban con sus propias manos.

Los beneficiados de la revolución de marzo no comprendieron o no quisieron comprender que la causa de todo cuanto estaba sucediendo era el deseo de los campesinos de poseer individualmente la tierra, el deseo de los obreros de poseer colectivamente los talleres donde trabajaban y el deseo de todos de llegar a la paz y de liquidar la guerra.

Todo eso constituía la realidad, mientras que el deseo de la nación rusa de obtener instituciones llamadas democráticas, las pretendidas libertades políticas o igualdades civiles, no era sino literatura.

Los *mujik* uniformados estaban listos para cuadrarse frente a quien se mereciese este honor, así como en la vida civil ellos se sacaban el sombrero frente a los señores, a los familiares de los señores y a los funcionarios del estado.

Desde siglos los *mujik* estaban acostumbrados a servir a las personas de rango social superior y por generaciones estaban conformados a ser maltratados y a respetar tanto más cuanto más fueran maltratados. Todo eso les parecía natural, era para ellos un hecho de orígenes inmemoriales querido por la divina Providencia, que así había reglamentado las relaciones sociales. Pero lo que sobrepasaba los límites de su aguante, era el ser exterminados por centenares y miles, sin entender por qué y tampoco por quién, después de la caída del zar, y sin poder defenderse, o por lo menos atacar en espera de la muerte, la mayor parte de las veces, por falta de municiones.

Los campesinos rusos se rebelaban contra la guerra y sus contingencias, contra la carnicería que alcanzaba proporciones colosales e inéditas, durando desde hace ya tres largos años. Ellos, en cambio, no se rebelaban contra la disciplina, o más exactamente, la revuelta contra la disciplina, en ellos, era sólo un efecto de su revuelta contra la guerra.

Hasta entonces les había sido dicho que sacrificarse por el zar, lugarteniente de Dios, era un deber. Y ellos habían aceptado el sacrificio, si bien su convicción se debilitaba día a día.

De golpe, se les dijo que ellos mismos eran el zar colectivo, que ellos debían tapizar tierras lejanas con sus cadáveres, únicamente para ellos mismos y debían soportar el martirio por los bellos ojos de la patria democrática. Decir esto a hombres de este tipo, era como decir que debían combatir y morir por los bellos ojos de Minerva o de Juno.

Mitos augustos y abstractos de este tipo les resultaban incomprensibles y ellos tenían la neta impresión que se estaban burlando de ellos, aún más descaradamente que en el pasado.

Obstinándose en ignorar lo que realmente sentían y deseaban, se presentaban a los *mujik* pensamientos, aspiraciones, sentimientos, ambiciones y susceptibilidades de los cuales ellos no captaban ni siquiera el sentido.

A los soldados se les ofrecía el derecho a la indisciplina, el privilegio escandaloso de mandar colectivamente a aquellos a los cuales ellos debían obedecer individualmente, allí donde ellos reclamaban el derecho a la paz, la seguridad, la salud y la vida.

Se ofrecía a los campesinos el derecho a gobernar sus *Communes*, sus distritos, sus provincias, en resumen, toda Rusia por medio de diputados por ellos elegidos, pero se continuaba rehusándoles un pedacito de tierra fértil, que cada uno desearía cultivar y administrar sin ocuparse de los asuntos de sus vecinos.

Al escuchar a Kerensky y a sus colegas, ellos creían escuchar todavía a su *pope*, prometiendo todos los domingos la herencia del Padre Celestial en el otro mundo, con la condición de resignarse a la miseria aquí abajo.

Pasando de la palabra a los hechos, Lenin anunció la convocación del parlamento, el congreso panruso de los *soviet*, mientras los sesenta bolcheviques, que constituían una débil minoría en el consejo provisorio de la república, abandonaron ruidosamente dicha asamblea.

Una resolución de este tipo, que significaba la ruptura de relaciones con el régimen y el inicio de las hostilidades, fue tomada en una sesión secreta del comité central del partido bolchevique, presidido por Lenin en persona. Él se había decidido finalmente a dejar Finlandia y, para no ser reconocido en el viaje, se había rasurado la barba y había cubierto con una peluca su cráneo desnudo.

El golpe de estado que en la historia llevará el nombre de revolución de octubre según el calendario ruso, o de noviembre si nos atenemos al gregoriano, estaba decidido.

El preludio de la nueva fase de la revolución lo constituyó un artículo de Lenin, impreso en ciento cincuenta mil copias y distribuido cuidadosamente por los *soviet* hasta los rincones más remotos de Rusia.

En dicho artículo se decía: « en el mundo colectivista, del que hoy saludamos el adviento, cada trabajador tendrá derecho a la parte de tierra que él sea capaz de cultivar, solo o ayudado por su propia familia o parentela, sin recurrir al trabajo asalariado ».

Ello significaba ir directo al corazón del campesinado, y no faltaba más que organizar técnicamente el golpe de mano para adueñarse del poder constituido, en realidad, inexistente. Para este objetivo se nombró una comisión y el caucásico Stalin y el polaco Dzerzhinski, además de los tres hebreos que usaban los seudónimos de Sverdlov, Bubnov y Uritsky, formaron parte de esta.

Esta comisión estaba encargada de organizar la sublevación de las tropas, y por esta razón sus miembros figuraban en las listas del comité revolucionario militar, presidido por Trotzky.

La táctica consistía en no atacar de frente al gobierno, sino de adueñarse, aprovechando el desorden y la anarquía, de los órganos vitales del estado concentrados en la capital. Estos órganos eran la central telegráfica y telefónica, la central eléctrica, los gasómetros, las estacionas ferroviarias y los puesto sobre el Neva. De este modo, los insurgentes habrían aislado y paralizado el gobierno.

Para tener este resultado, un puñado de hombres resueltos y cuidadosamente elegidos entre los técnicos de los diferentes servicios por paralizar, le habría sido suficiente a Trotzky. Ellos deberían ser ayudados por otros que, armados de bombas de mano, habrían provocado un momento de pánico en el desorden existente. Para que dicho plan fuera realizable, era de hecho necesaria esa orgía de desorden que no es posible imaginar si no se ha vivido en Petersburgo en eso otoño frío y brumoso de 1917.

Trotzky encontró fácilmente los hombres necesarios en la escoria de Petersburgo, rebosante de innumerables desertores famélicos, de malhechores políticos o de derecho común, puesto que las puertas de los baños penales y de las prisiones estaban abiertas.

Pero, aún con todo eso, el hebreo ingenioso, que había concebido este plan, mantenía su audacia entre los estrechos límites que nos son conocidos, de la tradición de su raza. Él no quiso exponerse personalmente e hizo sacar las castañas del fuego a un *goi*, idealista y oscuro, un tal Antonov-Ovseyenko, ex oficial zarista, que había pasado en las termas penales buena parte de su existencia.

El grupo de malandrines se introdujo sin dificultad en los servicios que les eran familiares y de los cuales se adueñaron, mientras sus compañeros sembraban el pánico en el exterior.

Y así, mientras los ministros y el consejo provisorio, ignorantes de todo lo que sucedía, seguían debatiendo sobre la democracia, los medios de acción del gobierno habían sido paralizados.

Inmediatamente tuvo lugar el ataque al Palacio de Invierno, donde los fantasmas en el poder se habían reunido bajo la presidencia de Kerensky.

Los marineros de Kronstadt se habían adueñado de la *Aurora*, nave de guerra anclada en el Neva. Ellos abrieron fuego sobre la antigua residencia imperial sin que las baterías de la fortaleza de Pedro y Pablo, situadas sobre la orilla opuesta, hicieran algo para defenderla. Después, otros hombres armados penetraron en la sala de la sesión y tomaron prisioneros a los ministros, excepto a Kerensky, que no se sabe cómo logró escapar.

Los partidarios de Trotzky, deseosos de dar a su héroe toda la gloria del golpe de mano de noviembre, afirman que así se desarrollaron los acontecimientos.

La tesis de los partidarios de Stalin es diferente. Según ellos, el comité presidido por este último, habría hecho lo esencial al provocar la sublevación de las tropas de la guarnición.

En cuanto a nosotros, creemos que ambas versiones contienen parte de la verdad. En realidad, en aquel día histórico, nadie sabía de manera exacta lo que sucedía, incluido el mismo Lenin, que, escondido en un suburbio de la capital, ignoró hasta el último momento que él ya había devenido en el dueño de Rusia, así como Kerensky no sabía con certeza que ya no lo era.

Determinar a quién le pertenece el mayor mérito de esa jornada, nos parece, por lo de más, un problema del todo privado de interés. Detrás de los Lenin, los Stalin, los Trotzky, así como en el primer acto de la tragedia, detrás de los Miliukov, los Gutchkov, los Kerensky y los Tchernov, estaba Jacob Schiff, el consorcio hebreo internacional, el frente oculto de la subversión mundial: y la obra estaba ya en curso antes del nacimiento de los autores visibles de la revolución rusa y otros sustituirán a Lenin fallecido y a Trotzky expulsado, así como el mismo Stalin cuando él ya no esté, o bien cuando se le juzgue demasiado molesto.

Los servidores, los aparentes dirigentes sucesivos de la conspiración mundial pasan. Pero el plan inicial queda y su continuación inmutable, su ejecución impecablemente progresiva, es independiente de sus efímeras existencias.

Mientras la revuelta resonaba en las calles de Petersburgo, sus habitantes consternados no sabían exactamente quién era su soberano, Lenin, solo, en una piececita del Instituto Smolny, pasó la noche redactando el decreto de expropiación de los dominios señoriales, de los de la Iglesia, y de los del estado.

Lenin sabía que habían minutos en la historia que valían por años y deciden el destino de los imperios.

Cuando el fiel Stalin vino para ponerlo en conocimiento de los progresos de la insurrección, Lenin, que no había salido a las calles, le mostró la hoja que estaba escribiendo y pronunció estas palabras: «si se nos concede el tiempo de promulgarlo, ya nadie nos podrá sacar de aquí».

El tiempo no fue problema. La profecía de Lenin se ha realizado.

La noche del 8 de Noviembre de 1917, en Petersburgo, barrida de la revuelta y de la revolución, la insurrección comunista triunfó.

Eran exactamente las ocho y cuarenta minutos en el Instituto Smolny, cuando un huracán de aclamaciones anunció la entrada al edificio de los *soviet* de Lenin, el zar rojo, el dueño de la hora.

Él se levantó. Apoyándose en el balaustra de su tribuna, escrutó el conjunto de los presentes con sus ojos hundidos, aparentemente insensibles a la ovación que se prolongaba hace ya algunos minutos. Cuando ella se calmó, él dijo simplemente: «pasemos ahora a la construcción del orden socialista».

Y el famoso decreto fue promulgado. De nuevo, en la sala, hubo un formidable desencadenamiento humano.

Jueves, 8 de noviembre. El sol surgió sobre una ciudad en el ápice de la excitación y el desbarajuste, sobre una nación arrastrada por entero por una formidable tempestad. Una nueva época en la historia del mundo comenzaba.[71]

Con ella se iniciaba la era del fin apocalíptico.

---

[71] Nota de la edición en italiano: Escribe Nolte en la op. Cit. págs. 45· 46: « ninguna revolución pareció menos que ésta similar a una revolución popular. La revolución de octubre fue sobre todo el *putsch* de un partido socialista contra los otros partidos socialistas ».

## COMPOSICIÓN DE LOS PRINCIPALES ORGANISMOS REVOLUCIONARIOS SOVIÉTICOS[72]

|  | Miembros | Hebreos | Porcentaje |
|---|---|---|---|
| Consejo de los Comisarios del Pueblo | 22 | 17 | 77,2 |
| Comisarías de Guerra | 43 | 33 | 76,7 |
| Comisarías de Relaciones Exteriores | 16 | 13 | 81,2 |
| Finanzas | 30 | 24 | 80 |
| Justicia | 21 | 20 | 95 |
| Instrucción Pública | 53 | 42 | 79,5 |
| Asistencia Social | 6 | 6 | 100 |
| Trabajo | 8 | 7 | 87,5 |
| Cruz Roja Bolchevique: en Berlín, Viena, Varsovia, Bucarest, Copenhagen | 8 | 8 | 100 |
| Comisaría de las Provincias | 23 | 21 | 91 |
| Periodistas | 41 | 41 | 100 |

---

[72] Nota de la edición en italiano: A propósito de la participación hebraica en la revolución bolchevique, resumimos aquí algunas interesantes páginas de la célebre obra de Monseñor Ernest Jouin, *Le péril judéo-maçonnique*, tomo 11, pág. 119, al que remitimos para más amplias noticias sobre el argumento.

# LISTA DE LOS ALTOS COMISARIOS DEL PUEBLO

# (1919)[73][74]

| Seudónimos | Nombres Verdaderos | Nacionalidad |
|---|---|---|
| Lenin | Ulyanov | (ruso de madre hebrea) |
| Trotzky | Braunstein | Hebreo |
| Stieklof | Nakhamkés | Hebreo |
| Mártov | Zederbaum | Hebreo |
| Gussieff | Drappkine | Hebreo |
| Kámenev | Rosenfeld | Hebreo |
| Sukhanov | Krachman | Hebreo |
| Bogdanov | Silberstein | Hebreo |
| Gorev | Goldman | Hebreo |

---

[73] Nota de la edición en italiano: Acerca todo esto consultar también De Poncins: *Les Forces Secrètes de la Révolution*, París, 1928.

[74] Nota de la edición en italiano: Como otros autores, también Nolte, op. Cit., págs. 283-284, al proponer su «justificación» de este fenómeno deja entrever una cierta complicación: «La mitad de los delegados al II Congreso de Londres eran hebreos... Aquí queda claro el origen del discurso acerca del bolchevismo hebreo». Un rasgo fundamental de la revolución rusa consistía precisamente en el hecho de haber sido una insurrección de grupos de gente perteneciente a grupos étnicos extranjeros... Hebreos, letones, lituanos, finlandeses ... Posee una gran verosimilitud la tesis según la cual en las provincias occidentales de Rusia los hebreos... Eran la más gran reserva de energía y de talento que nunca se había concentrado en un espacio tan estrecho y que improvisamente obtuYo posibilidades de acción prácticamente ilimitadas. Es esta la explicación del hecho que en los primeros tiempos la participación de los hebreos a los cargos máximos directirns fuese extraordinariamente alta ...

| | | |
|---|---|---|
| Uritsky | Radomiselsky | Hebreo |
| Volodarsky | Kohen | Hebreo |
| Sverdlov | Sverdlov | Hebreo |
| Kamkov | Katz | Hebreo |
| Ganetsky | Fürstenberg | Hebreo |
| Dan | Gurevich | Hebreo |
| Meshkowski | Goldenberg | Hebreo |
| Parvus | Gelfand (alias Helphand) | Hebreo |
| Rozanov | Goldenbach | Hebreo |
| Martinov | Zibar | Hebreo |
| Chernomorsky | Chernomordik | Hebreo |
| Piatnitzky | Levin | Hebreo |
| Abramovich | Rein | Hebreo |
| Soltntzev | Bleichman | Hebreo |
| Zvezdic | Fonstein | Hebreo |
| Radek | Sobelsohn | Hebreo |
| Litvinov-Wallach | Finkelstein | Hebreo |
| Lunacharsky | | Ruso |
| Kollontai | | Ruso |
| Peters | | Letón |
| Maclakowsky | Rosenblum | Hebreo |

| | | |
|---|---|---|
| Lapinsky | Levensohn | Hebreo |
| Vobrov | Natansohn | Hebreo |
| Ortodoks | Akselrod | Hebreo |
| Garin | Gerfeldt | Hebreo |
| Glasunov | Schulze | Hebreo |
| Lebedieva | Linso | Hebrea |
| Joffe | Joffe | Hebreo |
| Kamensky | Hoffman | Hebreo |
| Naut | Ginsburg | Hebreo |
| Zagorsky | Krachmalnik | Hebreo |
| Isgoeff | Goldman | Hebreo |
| Vladimirov | Feldman | Hebreo |
| Bukanov | Fundaminsky | Hebreo |
| Manuilsky | | Hebreo |
| Larin | Lurge | Hebreo |
| Krassin | | Ruso |
| Cicerin | | Ruso |
| Gukovsky | | Ruso |

En su conjunto la administración bolchevique comprendía, entre 545 miembros:

| | |
|---|---|
| 447 | Hebreos |
| 30 | Rusos |
| 34 | Letones |
| 22 | Armenios |
| 2 | Alemanes |
| 3 | Finlandeses |
| 2 | Polacos |
| 1 | Checo |
| 1 | Karaim |
| 1 | Georgino |
| 1 | Inmeriziano |
| 1 | Húngaro |

# CONCLUSIÓN

Poco antes de la Segunda Guerra Mundial, el presente libro salió en una edición italiana, hoy inencontrable. En ella de Poncins, de acuerdo con quienes lanzaron dicha edición, estimó oportuno completar dicha obra con un capítulo conclusivo titulado *Europa al Rescate*.

En ese período, dicha integración parecía necesaria. La exposición en la primera edición francesa se detenía en el adviento del bolchevismo en Rusia y a un primer balance de la guerra mundial 1914-1918; así parecía, en cierto modo, trunca respecto de los ulteriores desarrollos de la guerra oculta y de un conjunto de hechos nuevos que parecían preludiar una reacción, un despertar de la Europa nacional y a la formación de una hueste contra las fuerzas de la subversión mundial.

Con el fin de la primera post-guerra, con la sucesiva Segunda Guerra Mundial y con la catástrofe con que ésta debía concluirse, una nueva serie de hechos han tenido lugar y se han impuesto a la atención del historiador. Así, lo que se había escrito en ese capítulo *Europa al Rescate* aparece hoy, a su vez, incompleto y necesitado de una revisión. Por lo tanto, hemos considerado oportuno sustituir el capítulo con un resumen de las partes que mantienen su valor y algunas consideraciones añadidas, referentes a los sucesivos hechos, en el intento de proporcionar al lector una visión de conjunto *aggiornata*.

En el capítulo mencionado en la edición italiana, ante todo se ponía de manifiesto que ya después del adviento del bolche,ismo en Rusia y la paz de Versalles, las fuerzas de la anti-tradición en sus dos principales columnas, la de las democracias y de la internacional financiera, de la masonería y del hebraísmo, y aquella marxista y revolucionaria, parecía que estaban en vías de completar un triunfo capaz de asegurarles una duradera e indiscutida dictadura. Vencidos los principales obstáculos, abatidas tres de las más grandes monarquías europeas, Rusia, Austria y Alemania, una serie de trastornos sociales, no sólo entre los vencidos, sino también entre los vencedores, habría completado con otros medios y bajo otras etiquetas la obra de la guerra.

Aparte los mmimientos proletarios y obreros destinados a aplanar el terreno para la realización de objetivos más lejanos, fenómenos como aquel de la así llamada inflación, deben incluirse entre los episodios de la guerra oculta, de aquella historia que aún no ha sido escrita. Se ha pensado que también ése haya sido un fenómeno debido a causas impersonales, a la misma dinámica de las cosas. En realidad, la inflación, que fustigó no solamente los estados que habían perdido la guerra, sino que también a aquellos que la habían ganado, fue una *razzia* en grande de la riqueza líquida y tuvo como fin la consecución de dos objetivos precisos.

Ante todo se trató de destruir la independencia financiera de las naciones por ella abatidas, para reforzar la hegemonía del capitalismo internacional anónimo y de quienes lo controlaban. En segundo lugar se trataba de empujar, en los puntos más vulnerables de Europa, a las masas a un estado tal de indigencia y luego, de exasperación para ponerlas fácilmente en las manos de agitadores y así destruir aquello que pudiera subsistir aún en el aspecto de orden y de instituciones político- sociales del mundo precedente.

No debe ser descuidado otro frente de la ofensiva, el cultural e intelectual. Aquí el objetivo fue vulnerar y destruir todo principio superior o ideal. Se trató de la variedad de aquello que se llamó el «bolchevismo o nihilismo cultural», cuya acción convergía tendenciosa y tácticamente con aquella de la subversión política y social. Se trataba de desmoralizar, de lanzar a manos llenas el descrédito sobre todo concepto de autoridad, de tradición, de raza, de patria, sobre toda forma de idealismo y heroísmo, poniendo al mismo tiempo en primer plano los aspectos más bajos y materiales de la naturaleza humana. Junto a la gotamiento físico, económico y social, esta acción, desarrollada por una vasta literatura y con otros medios de difusión pública, con un alto porcentaje de elementos hebreos, como agentes y escritores, en todos los sectores y con una acentuada tendencia internacionalista y aparentemente pacifista, debía poner vencidos y vencedores en una condición tal, de volver fácil e integralmente realizable la fase ulterior de la destrucción europea.

Así, también allí donde los movimientos de revuelta comunista después de la Primera Guerra Mundial fueron detenidos, todo parecía listo para una especie de acción general y de rastreo de parte de las fuerzas secretas de la subversión mundial. Ante los efectos de los hechos reales, parecía confirmada la hipótesis de trabajo de la solidaridad de dos grandes frentes internacionales, de aquel que agitaba la bandera de la democracia y de aquel que agitaba la de la acción marxista y radical.

Todo este movimiento tuvo, sin embargo, un improviso tiempo de paralización. La causa de ello debe verse en el hecho, que las fuerzas en cuestión, seguras de la victoria definitiva, olvidaron que uno de los factores principales de su éxito había sido su accionar en la sombra y en el secreto. Demasiado seguros de sí, abandonaron sus máscaras. Y en dicho punto Europa pareció aún poseer reservas de energías capaces de dar vida a una hueste opuesta al comunismo, a la hegemonía capitalista, al internacionalismo, a la masonería y al mismo hebraísmo.

No es el caso aquí, de evocar las varias formas de dicha reacción. Después del *jaque mate* de la revolución comunista en el primer período de postguerra, primero en Hungría y después en Alemania y Austria, después de la derrota de la Armada Roja a las puertas de Varsovia, con el adviento del fascismo en Italia y del nacionalsocialismo en Alemania, parecieron que estaban sólidas las bases para los procesos de defensa y de reconstrucción de Europa. El alineamiento se completaba con movimientos en otras naciones: el renacimiento de Portugal, que, entre otras cosas, siguió el inaudito ejemplo de Italia, poniendo fuera de la ley la masonería, en España el contraataque y la victoria de las fuerzas nacionales y tradicionalistas comandadas por Franco. Fue este el período en el que las fuerzas secretas de la subversión mundial encontraron un obstáculo y se vieron obligadas a pasar de la ofensiva a la defensiva, para estudiar nuevas tácticas, para aprovechar los errores de los adversarios, para preparar la nueva fase de la guerra oculta.

Los hechos sucesivos y el juego de las acciones y reacciones a los que dieron lugar, están aun demasiados cercanos para presumir que puedan analizarse yjuzgarse bajo todos sus aspectos. Pero, lo que sin duda puede decirse, es que en vías de principios con la Segunda Guerra Mundial se renovó el abanderamiento de las fuerzas y de las ideas que habían sido propias de la Primera Guerra Mundial, a tal punto que ella puede ser considerada como la continuación de la primera.

Como se sabe, después del derrumbe de las potencias del Eje, una propaganda organizada sobre bases gigantescas se ha concentrado en presentar en los regímenes «totalitarios» de ayer (sobre el soviético, de muy diferentes proporciones, lo primero que se hizo fue guardar un discreto silencio), la quintaesencia de todas las abyecciones. Y las masas pasivas y traumatizadas, incluyendo por desgracia, amplios sectores de Alemania, debían tornar y tornan aún hoy todo ello corno «ley escrita en piedra» o como un axioma. Ahora, un punto debe quedar totalmente claro. Aunque todo lo que ha sido planteado respecto a la Gestapo, a las S.S., a los campos de concentración, al exterminio de hebreos, a presuntos crímenes de guerra, naturalmente sólo cometidos por los vencidos, a pesar de Hiroshíma y otros, fuera verdad (pero no lo es sino en proporciones absolutamente distintas de aquellas que pretende la propaganda), ningún precio habría sido demasiado alto, comparado con aquellos que habrían sido los resultados de la guerra vencida: la ruptura de la espina dorsal de la Unión Soviética, excluyéndola del grupo de las grandes potencias mundiales, liberando y eliminando el comunismo en un inmenso territorio y abriéndolo a la expansión de la Europa centro-occidental; prevenir, también con buenas probabilidades, corno consecuencia, que el comunismo llegase a China, impidiendo con ello que ella llegara a ser lo que es hoy día, una nueva gran potencia cada vez más peligrosa, y no sólo para el Oriente; «humillar» la gran democracia de los Estados Unidos, dejándola fuera de la esfera de intereses europeos; reafirmar una parte de la herencia colonial cuya área, en la atmósfera del nuevo orden europeo, y regida por hombres fieles a la idea de la diferente dignidad de las razas y de la jerarquía entre los pueblos, muy difícilmente sería lo que ha llegado a ser hoy, por el efecto de la inconcebible estupidez de los exponentes del evangelio democrático, el lugar de una revuelta en masa de los pueblos de color, que está dando rápidamente termino a los últimos restos de la hegemonía y el prestigio europeo, en primer lugar en perjuicio de las mismas naciones vencedoras.

Aunque en los regímenes de ayer haya habido instituciones discutibles y hombres que no estuvieron a la altura de sus tareas y sus principios, en el caso de una victoria todo ello habría podido ser rectificado gradualmente, sobre todo gradas a la afluencia en sus cuadros, de elementos nuevos forjados en la experiencia de la guerra.

Entre sus consecuencias terminales, la derrota ha tenido en cambio esta: que todo lo negativo que presentaron los regímenes de ayer, ha podido ser manejado para desacreditar casi irreparablemente aquello que en ellos había de indiscutiblemente positivo en cuanto ideas, tendencias, exigencías, para mayor gloria de comunismo, democracia y hebraísmo. Sobre esta línea se ha llegado al punto, que en la Alemania occidental de hoy el hecho de hablar del Reich parece una cosa sospechosa, «nazista», que en Italia todo lo que es idea romana es estigmatizado como vacía retórica; que el «racismo» sirve como el más terrible de los espantapájaros; que por la persecución alemana el hebreo ha adquirido una suerte de carácter sacro e intangible, de modo que el arriesgarse a decir una sola palabra en su contra provoca un coro de indignadas protestas y expone incluso a sanciones penales.

Si se añade la reanudación en gran estilo y la intensificación de lo que habíamos llamado el «bolchevismo cultural», puede luego decirse que el campo está enteramente libre: democracia y comunismo tienen desde ya todos los caminos despejados y el único borrón, el único defecto de belleza en el cuadro completo, es su disputa sobre la conquista de un mundo embrutecido y desmoralizado, donde la posibilidad de afirmación de una tercera idea y de una tercera fuerza, con el necesario potencial militar y económico, se vislumbra del todo problemática.

Esta situación, grávida de un siniestro destino, deja en claro el estado actual de la guerra oculta: que puede aún llamarse así al respecto, no de las fuerzas operantes y en lucha, las que casi ya no tienen máscara, pudiendo los slogan y los manejos de la más trivial propaganda ser dejado de lado, sino en cuanto al significado último, universal, planetario de estos sucesos históricos, con los cuales se cerrará probablemente un ciclo completo.

# APÉNDICE

## UN LIBRO MALDITO

El argumento de *La Guerra Oculta*, tomado ascépticamente, no habría jnstificado el notable éxito editorial de este estudio del exiliado ruso, ni mucho menos, las acidas críticas y los convencidos reconocimientos en amplios sectores de la cultura política e histórica, desde la aparición muy callada, de la primera edición del volumen.

Hay algo radicalmente revolucionario en las páginas de Malynski, que justifica luego, el impacto profundo de este estudio, en el patrimonio **ideal**, aún antes que en el **ideológico**, de la cultura anticonformista de estas décadas. La **fuerza mitopoyética** de esta obra resulta evidente por las numerosas ediciones, una de las cuales, bajo el auspicio del de Poncins, quien hizo imprimir el volumen también bajo su nombre, uniendo en la edición definitiva de *La Guerra Oculta* capítulos extraídos de la versión primigenia de dicho trabajo y párrafos pertenecientes a *La Grande Conspiratíon Mondiale*, del mismo Malynski.

Pero ha sido el ensayo de Malynski el que ha dictado el más radical, puntual y anticonformista análisis de aquellos años, violando tabú históricos, políticos y culturales, que aún hoy son difíciles de erradicar.

¿Por qué - es natural hacerse la pregunta- este ensayo histórico ha estado en el centro de tantas polémicas ideológicas e historiográficas? ¿Cuáles son las razones de la circulación continua de *La Guerra Oculta*, fuera de los circuitos editoriales oficiales, a ya cincuenta años desde la primera edición y a pesar del compacto ostracismo del *establishment* cultural y político?

Ahora podemos identificar las razones de este rechazo de la cultura oficial respecto de *La Guerra Oculta* en tres características fundamentales.

Ante todo, Malynski ¡iola la conjura del silencio impuesta por los sistemas democrático-marxista sobre la historia contemporánea, porque establece algunos nexos fundamentales entre hechos en apariencia distantes, demostrando algunas verdades históricas basadas sobre el reconocimiento de la intervención de fuerzas ocultas (nunca de los protagonistas y de los objetivos demasiados explícitos), detrás de las bambalinas de la aparente **casualidad** de la historia, que revela, de este modo, y viceversa, vínculos profundos de **causalidad**.

*La Guerra Oculta* contiene proposiciones radicalmente alternativas a aquellas del poder dominante político y cultural, también debido al empleo de una metodología de análisis histórico que permite divisar, más allá de la **fenomenología** de los hechos, la **morfología** y el **sentido** de los mismos. Para quien, como la historiografía oficial, quiere esconder la verdad histórica, ¿qué mayor enemigo que el que utiliza métodos de investigación que permiten descubrir que «el rey está desnudo»?

De todo esto se desprenden ulteriores consecuencias, igualmente inaceptables para aquellos que detentan las llaves ocultas del poder cultural. Bajo este último perfil, se puede ver el tercer valor de la obra examinada: *La Guerra Oculta* propone un análisis de la historia pasada que funciona como referente para descifrar los escenarios políticos de la historia contemporánea y, obviamente, prever las evoluciones (y las involuciones) de la historia futura.

Enucleamos luego, estos tres caracteres transgresivos de la obra de Malynski, que justifican ese carácter «maldito» que, con todo derecho, sitúa *La Guerra Oculta* entre los textos imprescindibles de una Revolución cultural integral.

## LA VERDAD HISTÓRICA

El volumen parte de una premisa que constituye el aspecto revolucionario y tradicional de la concepción de la historia de Malynski. El autor, de hecho, «explora la tercera dimensión», o dimensión en profundidad de la historia. Él introduce el concepto fundamental de **guerra oculta** y lo aplica al estudio de los acontecimientos más decisivos de la historia occidental, tal como sucedieron desde el período de la Santa Alianza hasta la Primera Guerra Mundial y el adviento del bolchevismo ruso. Esta guerra oculta es el combate de dos protagonistas en el cruento teatro de la historia: los primeros (hebraísmo y masonería) con el objetivo *metahistórico* de subvertir los valores de la cultura y la tradición indoeuropea (mediatamente católica) y bien conscientes del propio rol y de la estrategia a desarrollar; los segundos, los pueblos europeos, víctimas de este proyecto de hegemonía contra ellos e ignorantes del radicalismo inexorable de esta lucha.

Malynski precisa los nudos cruciales a través de los cuales esta lucha hegemónica se desarrolla en el último siglo, fase más convulsionada de un choque plurimilenario. Afín a pensadores de la cultura tradicionalista - y contrarrevolucionaria, como Preziosi, Evola, Vermijon, Pound y Batault -, Malynski identifica el centro propulsor de este plurimilenario proyecto subversivo y anti-tradicional en el hebraísmo y en su estrategia hegemónica racial, cultural, económica, religiosa y política. Instrumento esencial de dicha estrategia y punta de lanza de la guerra oculta es la obra de infiltración y subversión ideológica llevada a cabo por la moderna masonería, de matriz iluminista e igualitaria. Dedicando algunas de sus páginas más penetrantes a la degeneración moderna de la civilización con respecto a la influencia contaminante del esoterismo desviado masónico, Evola mismo no deja de poner como base de sus propias investigaciones la obra de Malynski. Se trata luego, de un elemento desde y a incorporado establemente por la cultura no conformista en la que converge, además de los autores citados, también las agudas reflexiones desarrolladas por uno de los historiadores contrarrevolucionarios más afinesa Malynski, Bernard Fay *(La Masonería y la Revolución Intelectual del siglo XVIII*, editada por Einaudi 1945. Evidentemente, Einaudi se cuidó mucho de volver a publicar dicha obra después de 1945...). Este autor subraya los pródromosanti-tradicionalesde dicho movimiento oculto en el «suicidio masónico» de la degenerada nobleza europea del siglo XVIII.

Identificado el centro propulsor de los movimientos antitradicionales de la época moderna en el hebraísmo y su intrigante «brazo secular», constituido por las confraternidades masónicas, la lógica de los sucesos descritos por Malynski aparece estricta y difícilmente discutible. Francia se derrumba gracia a la obra de la masonería que destruye e **invierte** todo concepto tradicional de elíte; Europa se fracciona por causa del suicidio colectivo de la Primera Guerra Mundial, la cual, incluso al ojo atento de Papini, aparece como un «sacrificio sangriento que la Revolución Francesa quiso ofrecerse así misma», hasta el punto que las raíces del conflicto consisten, para Malynski en «el deseo de subvertir la estructura interna de la sociedad en general y hacer avanzar, de un gran salto la subversión mundial.»

Pero las páginas tal vez más iluminantes son aquellas que el exiliado ruso dedica al derrumbe de su patria bajo el latigazo del bolchevismo. Malynski pone en evidencia como la disolución de la sociedad zarista, si bien caracterizada por letales contradicciones internas, haya sido **querida** por el hebraísmo, que quiso extinguir en la sangre el noble tentativo de Stolypin de transformar el latifundismo terrateniente en comunidades agrícolas autogestionadas (inspiradas en una ideología que presenta muchas afinidades con aquella de *Sangre y Suelo* del ministro nacionalsocialista Walter Darré, en *Nueva Nobleza de Sangre y Suelo*). Las reformas de Stolypin habrían permitido una transformación del sistema zarista en sentido *volkisch* eliminando en su nacimiento las causas que habrían más tarde provocado la instauración del régimen de Lenin. Este nada habría podido obtener si el peligroso adversario del hebraísmo (Stolypin) no hubiese sido asesinado por un sicario judío, poniendo así a Lenin en las condiciones de guiar el resentimiento del pueblo ruso hacia la salida suicida del bolchevismo. Con el triunfo del marxismo en Rusia se concluye el estudio de Malynski, el que divisa en este evento « una nueva época en la historia del mundo. Con ella se inicia la era del fin apocalíptico ».

## LA METODOLOGÍA HISTÓRICA DE LA GUERRA OCULTA

Si el análisis de los hechos expuestos en *La Guerra Oculta* se enfrenta aún hoy a la hostilidad de la historiografía oficial, no hay, sin embargo, motivo para quejarse, como lo hace el autor de la *Conclusión en la Edición de 1961*.[75] Este se conduele por el hecho que Malynski no haya podido describir las etapas posteriores de la guerra oculta, cuyos protagonistas chocaron, en una titánica epopeya, con los regímenes « fascistas » entre las dos guerras. En realidad Malynski traza también las coordenadas que permiten una lectura de la dimensión más profunda de los hechos históricos que tuvieron lugar en los años posteriores a aquellos considerados por el autor. También es importante subrayar el hecho, que una de las primeras cosas pertenecientes al propio patrimonioideal a las que debe « abjurar » quién, proviniendo de las filas del mundo no

---

[75] Nota de la edición en italiano: Dicha nota, si bien anónima, es atribuible Julius Evola.

conformista, quiera establecerse en las estructuras político culturales del sistema, consiste en renegar de las conclusiones histórica de Malynski y su clave de la guerra oculta. Todo ello no sucede precisamente por casualidad. En realidad, Malynski proporciona las armas culturales más eficaces para comprender las dinámicas reales de la historia: desactivar estas armas culturales propias de una comunidad que, por «vocación», combate el sistema usurocrático, significa desarticular la única posibilidad de alternativa coherente a una sociedad mercantil.

El método de acercamiento histórico propuesto por Malynski es, luego, diametralmente opuesto al que ofrecen las doctrinas historicistas de matriz liberal- marxista: «el método experimentadopor Malynski consiste en cambio en una consideración de dimensión profunda de la historia, aquella en la cual, como dice Evola, «**se aplican fuerzas e influencias cuya acción es decisiva y que a menudo no son ni siquiera atribuibles a aquellos que es solamente humano, individualmente o colectivamente humano**». Los eventos históricos son luego vistos, según una perspectiva que Malynski ha heredado de la mejor historiografía católica, pero que es precedente a ella y se remonta a una visión clásica e indoeuropea, como el manifestarse de un choque entre fuerzas del cosmos y fuerzas del caos, entre tradición y anti-tradición, entre luz y tiniebla. Es en este plano metahistórico que tienen su raíz las facciones en lucha que chocan sobre la superficie histórica.

La hipótesis fundamental de un choque universal entre cosmos y caos queda confirmada por los hechos históricos **morfológicamente** entendidos, y, de mero sujeto de investigación, se vuelven la llave maestra para la interpretación más coherente de la historia: no es casual que hayamos hablado de concepción histórica simultáneamente **tradicional y revolucionaria**.

Ante todo **tradicional**, porque enraizada en los más profundos idearios metafísicos de las estirpes indoeuropeas: «para el antiguo guerrero ario la guerra correspondía esencialmente a una eterna lucha entre fuerzas metafísicas. Por una parte, el principio olímpico de la luz, la realidad uránica y solar, por la otra, la violencia bruta, el elemento titánico-telúrico, barbárico en sentido clásico, demoníaco ... Toda lucha en sentido material era siempre vivida con la mayor o menor vivencia que ella era simplemente un episodio de aquella antítesis».[76] Dicha concepción de una lucha cósmica, propia de las más antiguas tradiciones, es traspuesta por Malynski a través de su específica aplicación de ámbito católico, en el ámbito de aquel catolicismo residual, que aún puede llamarse tradicionalista.[77]

Pero *La Guerra Oculta* es también un libro de historia concreta, la fase actual de dicha lucha metahistórica es situada en el actual punto de descenso cíclico de los tiempos. También ante esta consideración podemos notar cómo el método histórico de Malynski se muestra coherente con otros análisis «tradicionalistas» de morfología de la civilización: piénsese, como ejemplo eclatante, al estilo analítico de *Revuelta contra el Mundo Moderno*. No sólo, además un paralelo profundo, aunque tal vez no específicamente buscado, corre entre las páginas de *La Guerra Oculta* y las reflexiones *guenonianas* sobre los fenómenos de la contra-tradición y la inversión luciferina de todos los valores, recogidas en obras capitales como *El Reino de la Cantidad* y los ensayos aparecidos en las páginas de *El Régimen Fascista*.

---

[76] Nota de la edición en italiano: Julins Evola, *Doctrina Aria de Lucha y Victoria*. Ed. Ar Padova, 1986, pág. 17.
[77] Nota de la edición en italiano: A. Mordini, *El Templo del Cristianismo*, Ed. Sette Colorí, Vibo Valentía.

Pero, la metodología histórica de Malynski resulta también, como se dijo, **revolucionaria**.

Diferenciándose de varios estudiosos tradicionalistas de morfología de las civilizaciones (valga para todos el ejemplo de Guénon), Malynski recoge a través del escenario de los «últimos tiempos» también el rostro específico y el actuar inmediato de los protagonistas de esta perpetua guerra metahistórica. Es decir, Malynski está en grado de cumplir un paso ulterior en el campo del análisis histórico tradicional, descubriendolas conexiones de hechos históricos no sólo en su última raíz (metahistórica), sino también en su concreto desarrollo sobre el plano contingente. Para el historiador ruso ello es posible porque él pode recurrir contemporáneamente, tanto a las bases inamovibles de la metafísica tradicional, como también a los criterios de análisis histórico de tipo morfológico, que le consienten descubrir nexos que de otro modo serían incomprensibles. Puesto que los protagonistas humanos de los hechos históricos son en realidad instrumentos, lo sepan o no, de una lucha **forzosa** de tipo metahistórico, su operar, o sea, su forma de manifestación, termina revelando analogías profundas que el historiador atento y "sin prejuicios" puede advertir y, respaldado por datos y referencias concretas, colocar en el ámbito de la lucha cósmica entre tradición y caos: en otras palabras, la **forma** de los hechos encierra la **substancia** de los principios y por medio de los primeros mejor se comprende lo segundo.

Que el método de lectura morfológica de la historia, del que Malynski fue el portaestandarte no reconocido, estuviera a punto de encontrar consenso, si bien indirecto, por parte de algunos sectores de la cultura que más advertía la constricción de la ideología liberal- democrática, era desde hace tiempo ya predecible para quién hubiese querido vislumbrar las señales, si bien débiles, de la crisis de los valores democráticos. Por cierto, como una de estas señales vale el interesante ensayo de Carlo Ginzburg, *Miti, Emblemi, Spie. Morfologia e Storia* (Einaudi, 1986), un notorio reconocimiento de la cultura oficial respecto de una historiografía anti-iluminista siempre rechazada. A propósito de dicho volumen así escribía el redactor de estas notas: «para comprender mejor los fenómenos históricos, es luego necesario analizar cómo ellos tienen su origen en arquetipos míticos, antiguas matrices pre- ideológicas, presentes a menudo en contextos alejados entre ellos en tiempo y espacio. *Los Arcana Dei, los Arcana Naturae y los Arcana Imperii*,[78] pueden ser comprendidos y revelados por una eficaz investigación interdisciplinaria, sólo si se tiene el valor de usar instrumentos cognoscitivos hasta hoy negados por el racionalismo iluminista».[79]

Lo que hoy está descubriendo un escritor de matriz post-iluminista como Ginzburg, no es otra cosa, bajo el perfil historiográfico, sino aquello que hace cincuenta años había intuido Malynski en *La Guerra Oculta*, naturalmente en una perspectiva más inquietante para el sistema oligárquico dominante. Paradojalmente, hoy es Ginzburg quien da razón al exiliado ruso cuando afirma «haberse encontrado en las investigaciones históricas frente a núcleos míticos que durante siglos, tal vez milenios, han mantenido intacta su vitalidad». En el último trabajo de Ginzburg, *Storia Notturna* (Einaudi, 1989), esta interpretación transgresiva de la historia como escenario de influencias ocultas y meta-racionales (aunque en ámbitos históricos diferentes de aquellos analizados por Malynski) vuelve con prepotencia como bien ha subrayado un estudioso, autoridad en estos temas, como F. Cardini: «*Storia Notturna* debe ser leído por quien considere que ciertas imagines difusas

---

[78] Fundamentos del Antiguo Régimen: El misterio de Dios, el misterio de la naturaleza y el misterio del imperio, los cuales en el período de la Ilustración, y luego, con el advenimiento de la Revolución Francesa, son superadas a través de la libertad de conciencia, desarrollo de la ciencia y la política del mundo moderno.

[79] Nota de la edición en italiano: E. Longo, *Mitos, problemas y espías*, Diorama, Número 104, Abril 1987.

en los tiempos y en todas las civilizaciones, no se pueden eliminar como raras coincidencias, ni interpretar bajo la luz de una tranquilizante mecánica difusionista ».[80]

En otras palabras, detrás de cada hecho histórico se esconde un **sentido** metahistórico: el hecho histórico tiene lugar de acuerdo a una ley trascendente de **causalidad** ligadas a las doctrinas cíclicas del tiempo tradicional y resulta por ello conectado a un preciso plan de eventos superiores a los cuales queda **causalmente** unido. La comprensión de dicha conexión se hace posible mediante la lectura morrológica de la historia que, a través de estas señales, revela su rol en el orden metahistórico mismo del ciclo del tiempo. Esto lo afirma hoy Ginzburg, pero, antes que él, sobre la vertiente cultural « maldita », lo había intuido Malynski, en el ensayo que estamos examinando.

Por lo demás, este tejido interpretativo de la historia de carácter morfológico permite comprender el increíble sucederse de hechos que escapan a una lógica racional, reduccionista e historicista. Por ejemplo, la Revolución Francesa y sus sustratos anti-tradicionales considerados en *La Guerra Oculta* estuvieron saturados por un odio metafísico hacia lo sacro y el orden jerárquico tradicional, que no puede tener una explicación aceptable, salvo la de ser una **erupción ínfera** de las fuerzas disgregantes de la contra-tradición. « Existe una corriente de satanismo en la historia, paralela a la divina, igualmente desinteresada, en perpetua lucha con ella », escribe lúcidamente Malynski, palabras recogidas por de Maistre: « hay en la Revolución Francesa un carácter **satánico** que la distingue de todo aquello que se ha visto hasta ahora, y de todo lo que se verá ». (Joseph de Maistre, *Consideraciones sobre Francia*. Editori

---

[80] Nota de la edición en italiano: F. Cardini. *El VueloMágico sobre el Arco Alpino*, Il Giornale 4 de mayo de 1989.

Riuniti. Roma, 1985). Ver también la mención a René Guénon, *Precisaciones Necesarias*, contenida en Libraría N°1, Salemo, 1989. Malynski ha captado en *La Guerra Oculta* **el sentido y la dirección** de este satanismo oculto en la historia, gracias a un método histórico originario, el método morfológico, hoy redescubierto, gracias a los estudios de Ginzburg, en ámbitos impensables de la cultura.[81]

Pero Malynski ha dado un nombre (masonería) y un apellido (hebraísmo) a los artífices de la decadencia europea. Esto, para los directos interesados, ha sido en verdad, demasiado; y así Malynski después del camino al exilio, ha conocido también la conjura del silencio y la discriminación ideológica.

## LA FUNCIÓN PROSPECTIVA *LA GUERRA OCULTA*.

### CONCLUSIONES

Existe un elemento ulterior que contribuye a posicionar la obra de Malynski como un análisis no desgastado por el tiempo: La función prospectiva que este libro desarrolla, proyectándose desde el pasado al presente y finalmente indicando algunas direcciones de investigación respecto de nuestro mundo, entendido tanto como comunidad metapolítica, como también, en sentido más amplío, como

---

[81] Nota de la edición en italiano: En este sentido es útil consultar también el reciente ensayo de A. Mangano, *Il Senso della Possibilitá*, Ed. Il Pellicano, Roma, 1989, que replantea la concepción de un imaginario colectivo meta-racional como motor invisible de la historia, junto con proponer interesantes reflexiones sobre la visión histórica derivada de antiguas escuelas gnósticas, sobre las que se tendrá ocasión de retornar con atención. La líneas de revisión cultural de la izquierda post-iluminista y sns conclusiones a menudo coincidentes con aquellas derivadas del canon de la tradición son ampliamente analizados con especial agudeza por Annalisa Terranova en el artículo *Una Izquierda Revisada y Corregida*, aparecido en Línea N°2, 15 de Abril de 1989, Segunda Serie.

*koiné*[82] de estirpes indoeuropeas. Es este el tercer mérito de *La Guerra Oculta*: ella deviene símbolo y modelo para una historiografía alternativa que quiera percibir los desarrollos de la lucha metafísica ilustrada por Malynski, a medida que estos se van transformando en el tiempo a través de las proteiformes estrategias mundialistas.

Malynski, de hecho, señala cuál es el **sentido** de la historia más reciente, indicando cuáles son los vehículos de transformación (la civilización moderna) y los objetivos (el desarraigo de las culturas orgánico- tradicionales diferenciadas, sustituidas por una cultura planetaria identificada a los valores hebreo-masónicos). Él pone, sin embargo, también el acento sobre la realidad mitopoyética que se encuentra entretejida al devenir histórico, en sí y por sí insignificante, sin una voluntad que lo dirija. Dicha voluntad puede ser disolvente y negativa (como aquella predominante en los últimos siglos), pero también puede estar sustentada en un designio opuesto, y por ideales de reintegración en el orden tradicional.

De manera tal vez implícita, Malynski nos impone tomar en consideración aquello que puede servir como elemento de fractura de la evolución de la historia moderna: volver a descubrir una acción en la historia vivida **por sobre la historia, casi como un obrar teúrgico, creativo y sagrado simultáneamente**, que se proponga al mismo tiempo como barrera y superación de la disgregación moderna. En este aspecto, Malynski llega a las mismas conclusiones hacia las que converge la obra de otro gran maldito de la politología moderna: Karl Schmitt. Para ambos, el advenimiento del nihilismo moderno, fruto tóxico de una plurisecular guerra oculta, ha destruido toda cultura orgánico-tradicional y, por tanto, toda **restauración** debe ser al mismo tiempo, una

---

[82] Del griego que significa « lugar común ».

**revolución.** Como en la obra schmittiana, quedan sin solución, hasta el día de hoy, después del derrumbe de los regímenes « fascistas », las radicales cuestiones acerca qué forma política dicha **revolución restauradora** deberá asumir para salir victoriosa y cuál la estructura de los instrumentos operativos de la misma. Preguntas entrefundidas en una enredada madeja de expectativas, contradicciones, voluntades y proyectos, que retrotrae la mente a la imagen del nudo gordiano, y vuelve a proponer la espera de un nuevo Alejandro capaz de desatarlo con la espada...

Edoardo Longo

www.ingramcontent.com/pod-product-compliance
Lightning Source LLC
Chambersburg PA
CBHW050134170426
43197CB00011B/1829